I0759650

Antonio Lozano Domènech

Tú no existes, yo tampoco

Numancia 117-121, 08029 Barcelona, España
www.editorialkairos.com

Fotocomposición: Moelmo, S.C.P. 08012 Barcelona
Diseño cubierta: Editorial Kairós
Impresión y encuadernación: Romanyà-Valls. 08786 Capellades

Primera edición: Febrero 2025

ISBN: 978-84-1121-341-7
Depósito legal: B 1.170-2025

Este libro ha sido impreso con papel certificado FSC, proviene de fuentes respetuosas con la sociedad y el medio ambiente y puede considerarse un «libro amigo de los bosques».

La ciencia no puede resolver el último misterio del universo.
Y eso es porque nosotros mismos,
somos parte del misterio que queremos resolver.

Max Planck

El pie se siente a sí mismo,
cuando siente el suelo

Buda

Sumario

Prólogo: La vida no tiene dueño ni buzón de sugerencias

He extraviado mi frontera, ya no hay forma que me crea que este o aquel razonamiento o sentimiento son originalmente míos. No digo que pretenda ser el único al que se le ocurra un determinado pensamiento, o que anhele sentir lo que nadie ha sentido.

No es eso. Me refiero a que tengo la casi total certeza de que lo que siento y lo que pienso es aprendido o heredado, es decir, originado en otros, que también lo han tomado prestado de otros, que también lo tomaron en préstamo... Y así paso a paso llegaríamos al primer humano al que le pareció bien tener certezas, porque tal vez le ayudaban a convencer a otros, o a sí mismo, y así no sentir tanto miedo al haber descubierto la imposibilidad de controlar la vida.

No sé cómo mejorarme, porque ni sé si lo que intento mejorar es o no mío, y tampoco sé si la idea de mejorar mi vida se me ha ocurrido a mí, o es resultado de este cóctel que un buen día acepté que era «mi yo», influido por los demás, que, en el inicio de esta fantasía, no paraban de llamarme usando un nombre supuestamente también mío, pero que es el mismo que tienen varios millones de personas más, y que no cesaban de decirme que me parecía a este o aquel familiar, y que yo era así o asá.

Mi formación académica y mi experiencia vital han acabado por complicar las cosas, porque el filtro por el que veo la vida me informa de que la autonomía de un individuo humano es aún menor que la de alguno de los órganos de su cuerpo, que tampoco pueden sobrevivir sin el resto de su ser humano y del exterior. A su vez, este exterior necesita a su exterior, y así hasta el infinito y más allá.

En mi juventud y en mi edad adulta, aumentaba mi desconcierto ver a mis congéneres y sentir que eran zombis como yo, pero que la gran mayoría de ellos creían no serlo; pensaban que su vida la diseñaban y la decidían ellos mismos. Yo, sin embargo, tenía serias dudas al respecto.

Para mayor complicación, me desesperaba un día a día sin sentido. Si por lo menos solo les hubiera buscado sentido a algunos fines de semana y otro poco al mes de vacaciones... ¡Pero no!, yo dale que te pego con que a los días de entre semana también había que encontrarles sentido. La parte buena de todo esto es que, pasados los años, ya no le llevo la contraria a la VIDA. He aprendido que yo la acompaño en su viaje conmigo, pero no soy su dueño.

De hecho, ninguno de nosotros es dueño de su vida, porque esta nos atraviesa y no cuenta con un buzón de sugerencias donde puedas decir quién quieres que la gobierne.

Así pues, en este ensayo no presento ideas exclusivamente mías; al contrario, las he aprendido de personas que considero sabias, y espero que te sean útiles para introducir algún matiz en la forma en que acompañas tu vida. En los diferentes capítulos, encontrarás conclusiones tan antiguas como nuestra civilización y recomendaciones tan actuales como los artículos recientes de las revistas científicas o universidades más prestigiosas. Son guías que en su uso puedes ajustar a tu experiencia vital concreta y a tu intuición.

Si has leído mi ensayo *La sabiduría del no saber,* comprobarás que este nuevo libro es su continuación natural. En el anterior establecí un marco de partida y una brújula, que no era otra que presentar el «no saber» como la condición atemporal posible para el ser humano. Como reconocen las ciencias naturales y sociales, carecemos de las capacidades intelectuales y sensoriales necesarias para encontrar las respuestas a las grandes preguntas sobre la existencia o para desvelar los misterios del universo físico en el que transcurre nuestra vida.

En este nuevo libro podrás descubrir los cuatro espejismos sobre los que fundamentamos nuestra vida, cuando no somos conscientes de nuestra verdadera naturaleza de profesionales del «no saber» y constatarás cómo estos espejismos, que en un principio disminuyen nuestra incertidumbre, en realidad son una plataforma que nos dirige al desastre vital.

Como el anterior, este tiene la finalidad de ser una herramienta de destrucción y olvido de presupuestos teóricos no sostenibles, ya por las ciencias naturales, ya por las sociales.

Entre sus contenidos aparecen propuestas concretas acerca de cómo intentar diluir nuestra ilusión de independencia, que ha tomado cuerpo a través del error de suponer que existimos como individuos y somos escultores autónomos de nuestro destino.

Este libro es una invitación formal a que te vivas como el universo que eres y que somos todos, y no como la reducción al vinagre que figura en tu carnet de identidad. Sin importar la marca de ese vinagre, es decir, la cantidad de dones o bienes materiales que hayas heredado.

Identificarnos con nuestro origen familiar o social implica aceptar una minimización de las grandezas de nuestra naturaleza real, la que nos trae a esta vida y, pasados unos años, nos vuelve a llevar de paseo.

Te deseo una vibrante navegación por las páginas que siguen. Me hará muy feliz recibir tus comentarios. Gracias por confiar en mí para ser tu anfitrión en este viaje.

Nota sobre el autor: La alquimia de mi personaje

Se construyó a partir de una serie de ingredientes básicos. El primero fue ser un hijo no deseado, por lo que, durante gran parte de mi vida, he dedicado una cantidad ingente de esfuerzo a buscar en otros el reconocimiento del que carecí en origen. Han pasado muchas décadas hasta que he podido sentir que el reconocimiento significativo nacía a partir de aceptar e integrar al SER que soy y somos todos desde el minuto cero de nuestra existencia, más allá del personaje en el que nos encarnamos.

He sido el segundo hijo de una madre vitalista, que nunca dejó atrás su adolescencia o su interés extremo por cuidar su apariencia, y de un padre honesto, con un gran corazón y mucha desconfianza ante lo que le podía deparar el mundo. Tuvieron una relación tan duradera como poco satisfactoria para ambos, por lo que mi interés en replicar el modelo de *familia con hijos* ha sido nulo. Siempre les agradeceré que, aunque no estuvieron casi nunca de acuerdo con mi forma de pensar, me ayudaron a conseguir mis metas, por locas que les parecieran.

Otro ingrediente es que nací y pasé mi primera infancia en un pequeño pueblo ubicado en un altiplano de la provincia de Granada, a mil cien metros de altitud, a merced de un sol de justicia en verano y de un frío de respeto en invierno. Un lugar con una poderosa energía, pero cultural y socioeconómicamente deprimido, en el que en las casas carecían, entre otras cosas, de luz eléctrica o grifos.

Crecí en un entorno con fuertes creencias católicas, por lo que me costó un triunfo superar culpas y no merecimientos acerca de la felicidad terrenal o el bienestar material.

Luego viví mi adolescencia, mi juventud y parte de mi vida adulta en Barcelona, una ciudad que significó un desafío, de la que estoy profundamente enamorado y que ha puesto a mi disposición más oportunidades que las que he sabido aprovechar o incluso llegar a ser consciente.

He vivido en otras ciudades y países, cosa que me ha ayudado a darme cuenta de la importancia del lugar y entorno cultural en el que vives para formar el personaje que llevamos incrustado cada uno de nosotros.

Mi innata curiosidad por indagar sobre la condición humana y el sentido o sinsentido de la vida ha servido de catalizador que ha guiado mi recorrido intelectual y espiritual.

Después de un largo periplo formativo que incluyó licenciatura, doctorado, máster, etcétera, pude constatar que el intelecto no bastaba para encontrar las respuestas que buscaba. A partir de ese momento, volví la mirada de fuera a dentro e inicié el recorrido espiritual, que en mi caso vino de la mano de la práctica de la vía del zen.

Otro ingrediente es haber tenido buena salud y mucha energía vital, por lo que he podido llevar una vida muy activa. Mi cuerpo ha asumido esa carga y también mis excesos, sin hacerme pagar un alto precio por ambos.

La vida me ha presentado algunos momentos difíciles, pero en muchas más ocasiones me ha ofrecido otros que han sido oportunidades de aprendizaje, disfrute e intercambio. Me considero muy afortunado por ello, así como también por las personas que he conocido y con las que he compartido mi vida. Estoy muy agradecido y soy consciente de mi buena suerte. Otros dirán que la merecemos, yo no me atrevo a semejante presunción y cada día doy las gracias.

También me ha influido nacer el último día de un mes de julio, enmarcado dentro del signo de Leo, con tres planetas en este signo, ascendente en Géminis y luna en Sagitario.

Siento que nací para hacer lo que la VIDA está haciendo a través de mí: dedicarme por entero a ser un aprendiz de humano y compartirlo con otros que también tengan interés y suficiente desapego como para abrazar su personaje como eso, como un guion de salida que interpretamos con los recursos que la VIDA va manifestando en cada uno de nosotros, sin más méritos ni culpas que desempeñar un papel que va más allá del cuerpo y la historia del guion en el que nos encarnamos.

1. Primer espejismo: creer que la personalidad y las creencias son una construcción propia

Una mayoría de los humanos se perciben a sí mismos como individuos autónomos y separados del resto, piensan que su personalidad y sus creencias son propias y fruto de su esfuerzo como escultores de su persona, por encima de cualquier otro condicionamiento previo, interno o externo.

Esta percepción de separación es la primera fantasía porque rompe desde la raíz nuestra naturaleza de universo interconectado e interdependiente con el resto de los seres vivos y con el entorno natural. Esta perspectiva de entidad separada condena a una soledad existencial, que afecta desde nuestras células a nuestro equilibrio emocional.

Tal y como explica Joan Quintana en su libro *Relaciones poderosas*: «El poder personal no se puede desarrollar ni sostener si la persona no logra ver a los otros y sentirse vista por los demás, ser reconocida y reconocer, ser aceptada y aceptar, valorada y valorar, querida y querer a los otros, sentirse cuidada y cuidar; esta es la dinámica relacional central, la fuente que permite vivir plenamente la vida y articular relaciones poderosas». Los humanos somos seres relacionales.

Como veremos en el siguiente capítulo, nuestro cuerpo físico no puede aceptar este enfoque de separación por el funcionamiento interconectado de cada uno de los billones de microorganismos que lo componen, de los órganos y de su dependencia con el exterior, con «lo otro y los otros». La separación como axioma tampoco la puede aceptar nuestro cuerpo emocional, necesitado desde el nacimiento de que los otros lo vean y lo reconozcan de formar parte de una comunidad que le otorgue un lugar de relación e integración.

Por último, nuestro cuerpo de consciencia no puede aceptar esta concepción de entes separados, porque choca de pleno con nuestra génesis y trascendencia como manifestaciones de una unidad que prevalece en nosotros, más allá del personaje en el que enmarcamos nuestra experiencia vital, que sabemos temporal desde que tenemos uso de razón.

El sostén teórico de la concepción del ser humano como una hoja en blanco al nacer y que adquirirá, con la experiencia facilitada por sus sentidos e inteligencia, los conocimientos que le permitirán configurar su personalidad y comportamiento tiene su origen en Aristóteles. Dos mil años después, siguió su estela John Locke, padre de la corriente empirista. Esos postulados ya no tienen sostén científico, porque han sido rebatidos en numerosos estudios empíricos, cuyo detalle veremos más adelante. Del mismo modo, nos detendremos en los postulados de las ciencias físicas actuales, que argumentan la naturaleza interconectada e interdependiente del ser humano.

Su antídoto: somos una construcción social, un «nosotros personalizado», que vive en la ficción de ser una persona con entidad separada del resto

La neurociencia ya plantea que incluso nuestra percepción visual como individuos físicamente separados es una alucinación controlada, que nos provee nuestro sentido de la vista debido a su incapacidad de percibir tal y como es la realidad física.

En concreto, debido a que nuestros ojos no son capaces de ver que, en la realidad del mundo exterior, las fronteras físicas del individuo quedan difuminadas en una materia que es en un 99,9999999 % vacío, energía y campos electromagnéticos, que está interconectada con todos los seres, objetos y espacios, formando un conglomerado no separable.

Hasta la aparición de los primeros microscopios, hace menos de trescientos años, hablar de vida orgánica no visible a nuestros ojos era esoterismo. Hoy en día, hablar del entrelazamiento energético y, por tanto, material que une a todos los seres vivos es esoterismo. Como en el caso de los microorganismos, que lo deje de ser es solo cuestión del tiempo que necesitemos para descubrir las tecnologías necesarias.

La visión de la vida como un conjunto formado por componentes aislados es útil para explicarla o para trocear la dificultad de investigarla, pero como propuesta parte de un error sistémico, ya que, por su naturaleza, todo está interconectado, todo surgió en el mismo instante y de la misma gran explosión.

Hemos confundido nuestras dificultades cognitivas e investigadoras con la naturaleza de la vida. En ella no hay nada separado, todo es (y era) circular y está (y estaba) interconectado desde su inicio, muchos miles de millones de años antes de que existiera el primer homínido. Lo único que podemos afirmar que es individual es el nacimiento y la muerte de los cuerpos físicos de todo lo que está o estuvo vivo.

Claro que somos también nuestro cuerpo físico, pero somos mucho más que eso. Por naturaleza y necesidad, somos un ser que construye incluso su identidad dentro de una familia, un clan, una tribu, una nación, etcétera.

Para Anil Seth, reconocido investigador de neurociencia cognitiva en la Universidad de Sussex (Reino Unido), la consciencia carece de las capacidades necesarias para ver la realidad tal como es. A pesar de que el exterior es real, los objetos son reales; lo único que puede hacer la consciencia es percibir la realidad tal y como somos nosotros. Es decir, interpretarla, pero no conocerla de forma objetiva.

Para Seth, la principal utilidad de la consciencia es facilitarnos una alucinación controlada de nosotros mismos y de la realidad exterior que permita que dispongamos de suficientes parámetros como para guiar nuestra conducta e intentar asegurar nuestra supervivencia. Para ello, la consciencia se basa en la información que le facilitan los sentidos y la memoria, por lo que la consciencia es ante todo una experiencia subjetiva, es fenomenología.

A diferencia de Kant o Descartes, que conectaban la consciencia con la mente racional, la inteligencia o la memoria, para Seth, al igual que para el filósofo y matemático alemán Edmund Husserl, la consciencia de ser un individuo está directamente relacionada con la experiencia física de la realidad interior y exterior que permite nuestro cuerpo, más allá de otras vías de conocimiento, como pueden ser la mente o el alma inmaterial. La experiencia de ser un yo específico es consecuencia de la experiencia corporal de estar vivo, de las acciones de control y regulación de todos nuestros órganos para procurar seguir vivos.

La sensación de ser un individuo está también en conexión directa con la consciencia de identidad, de sentirnos el mismo individuo, a pesar del paso del tiempo y de que aproximadamente cada siete años cambiemos todas las células de nuestro cuerpo. En conclusión, nuestro cuerpo es el origen de la sensación consciente de ser un individuo, de tener un «yo personal».

Las ciencias sociales, en su explicación de la socialización primaria y secundaria, indican que la formación de nuestras creencias y nuestra personalidad es un proceso colectivo no consciente, y no el fruto de una construcción propia y consciente. Podemos afirmar que existe un cerebro individual, pero la mente es colectiva, porque cada uno de nosotros somos recolectores de ideas y creencias de otros seres humanos.

Cada uno de nosotros somos consecuencias de multitud de factores externos que confeccionan el imaginario mental en el que se construirán nuestras creencias y nuestra personalidad.

A pesar de que el filósofo Jean-Jacques Rousseau ya hablará del concepto de voluntad general o el sociólogo Auguste Comte resaltará la importancia del consenso social, se considera que fue Émile Durkheim el primer pensador que formuló explícitamente el concepto de consciencia colectiva como un conjunto de ideas y creencias que actúan unificando el comportamiento de los miembros de una sociedad.

La consciencia colectiva, además, permite dotar de sentido de pertenencia e identidad a los miembros de esa sociedad. Hasta la Revolución Industrial, las religiones fueron las principales proveedoras de los patrones generadores de consciencia colectiva. En las sociedades modernas se forma a partir de muchas fuentes y depende más de la distribución de roles que establezca el modelo de organización social que de las creencias religiosas.

Vale la pena hacer referencia a la influencia de esa consciencia colectiva cuando actuamos como masa. Gustave Le Bon fue el primer psicólogo social que desarrolló una teoría al respecto. Para él, lo relevante es la capacidad hipnotizadora de la masa sobre los individuos; cómo los libera de sentido de responsabilidad individual sobre lo que suceda o hace desaparecer en ellos la necesidad de tener una justificación racional a sus acciones.

Al igual que existe una consciencia colectiva, existe un inconsciente colectivo. No me extenderé, pero es interesante dar una mínima pincelada. El psiquiatra y psicoanalista Carl Gustav Jung fue el padre de este concepto, que hace referencia a que los individuos de cualquier sociedad comparten una serie de mitos y arquetipos no conscientes que influyen en su comportamiento.

Los seres humanos tenemos una antigüedad estimada de cuatro millones y medio de años, pero no nacimos por generación espontánea. Somos la acumulación de un largo proceso tan antiguo como el universo y compartimos origen con todo lo que ha existido, existe o existirá en este planeta y en este universo.

Si le asignamos veinte años de duración a una generación, podemos decir que desde el primer homínido ha habido veintidós millones de generaciones. Es decir, que el linaje de cada humano contiene veintidós millones de apellidos. Solo a través de todos ellos, y si se suman las condiciones físicas, históricas y sociales en las que vivieron cada uno de los veintidós millones de antepasados, podemos explicarnos a cada uno de nosotros con cierto grado de rigor.

Sin embargo, nos explicamos a través de un nombre y dos apellidos (en los países de habla hispana) o de un nombre y un solo apellido (en prácticamente el resto de lo que llamamos primer mundo). Eso es tan absurdo como dar solo significado, utilidad y valor a la primera capa de una cebolla.

No es necesario que construyamos interpretaciones de la realidad, pero, si lo hacemos, es conveniente que se sostengan en una base suficientemente amplia que permita establecer deducciones o inducciones de una mínima consistencia y que, por lo menos, tengan la secuencia histórica que utilizamos para poder predecir si hoy lloverá o hará sol.

Los seres humanos somos un continuo, somos consecuencia y no sustancia. Aunque, cuando nos venimos arriba, nos guste fantasear con ser tan poderosos y capaces de modificar nuestro presente y futuro como la VIDA, que nos dio forma y lugar para participar en este juego.

En conclusión: somos parte de un continuo, no entidades aisladas de él. Y, por supuesto, somos fruto de ese continuo, no sus escultores. Ni siquiera nuestros pensamientos son propios, aunque sí podemos añadir nuestro matiz a lo que hemos aprendido de otros. Somos un «nosotros personalizado».

En un artículo publicado en *Frontiers in Systems Neuroscience* que recoge los criterios de Aron Barbey (neurocientífico y profesor de Psicología en la Universidad de Illinois), Richard Patterson (profesor de Filosofía en la Universidad de Emory) y Steven Sloman (profesor de Ciencias Cognitivas en la Universidad de Brown), los tres científicos concuerdan en que la neurociencia cognitiva debe abrir una nueva era de investigación que postule que el conocimiento humano es una característica de nuestra especie basada en un cerebro colectivo, y no la suma de muchos cerebros individuales. En su opinión, es necesario estudiar la comunidad para entender el cerebro individual de sus miembros. La cognición humana es, en gran parte, una actividad de grupo, no individual, ya que dependemos de los otros para razonar y tomar decisiones.

Te propongo un ejercicio. Cuando consideres oportuno y tengas por delante media hora de tu tiempo, haz memoria y localiza tres pensamientos o creencias que consideres propios y de los que seas capaz de localizar el momento en que los generaste. Para cumplir con los requisitos del juego, es necesario no haber contado previamente con la influencia de algún tipo de aprendizaje o lectura.

Es muy probable que te sea imposible localizar tres pensamientos o creencias que reúnan tales requisitos. Somos recolectores con la cándida fantasía de ser puntos cero del pensamiento universal.

Ahora repasemos el proceso de construcción del espejismo de la persona y cómo se ancla esta ilusión. Ofreciendo una alternativa a Descartes, podríamos reformularlo como: «Me piensan, luego existo».

El «yo individual» existe como entidad física y como entidad jurídica con un número de pasaporte y de identificación fiscal. Como tal puede ser objeto de reconocimiento facial, médico o social, y también puede ser multado, juzgado e incluso encarcelado.

A pesar de que todo lo anterior es cierto y contrastable, la existencia del «yo individual» responsable de sus defectos y de sus virtudes, de sus comportamientos y deseos, parte de una ficción mental, de una convención social que, para el funcionamiento del sistema, necesita asignarnos una identidad. A partir de que empieza a existir en los archivos oficiales, se le va a hacer un seguimiento de conductas, aprendizajes, aciertos y errores, y se le van a asignar los correspondientes juicios y responsabilidades para el resto de su vida.

Podemos ser ejecutados por las indicaciones de una ley cuyo fundamento no es una verdad irrefutable, y si tenemos un poco de mala suerte, quizá por una que le ha sido «revelada» al legislador por alguna «divinidad». Ese fue, por ejemplo, el origen del código de Hammurabi, el primer conjunto de leyes humanas del que tenemos constancia. Esa procedencia la comparten los mandamientos de Moisés y tantos otros cuya relación sería tan extensa como inquietante. Como ya desarrollé en mi anterior libro *La sabiduría del no saber*, la realidad social que regula la vida de sus individuos es arbitraria y manipulable. Los estudios recientes al respecto arrojan datos acerca de cómo la deriva neoliberal refuerza la idea de individualidad enfrentada al concepto de humanidad.

Por ejemplo, en un estudio realizado entre investigadores de las universidades de Wageningen (Países Bajos) y de Indiana (Estados Unidos) publicado en el portal *PNAS* (Proceedings of the National Academy of Sciences of the United States of America) con el título «El auge y la caída de la racionalidad en el lenguaje», se concluye que desde 1980 la argumentación basada en hechos ha ido convirtiéndose gradualmente en irrelevante en el discurso público. La argumentación emocional ha ocupado el lugar antes reservado a la racionalidad. Al mismo tiempo, ha disminuido el lenguaje referido a la colectividad, para aumentar el que hace referencia al individuo.

Resulta irónico que, viviendo en la época con mayor difusión de noticias, hayamos perdido el interés por conocer y expandir la verdad y aceptemos ser engañados de forma sistemática. Nos plantamos delante de nuestros móviles, tabletas o diarios dispuestos a creernos lo que digan los medios de comunicación, propiedad de grupos empresariales que ni se molestan en esconder sus ideologías particulares, porque saben que le damos más importancia a disponer de un argumento para neutralizar nuestra incertidumbre que a conocer la verdad sobre lo que está sucediendo en la realidad y sus verdaderas causas.

No voy a dedicar más espacio a este tema. Si tienes curiosidad en contrastar el estado actual de la difusión de noticias falsas, en tu buscador favorito será fácil acceder a numerosos estudios serios y contrastados que detallan cuál es el chocante estado de la cuestión.

Mientras en el exterior sucede eso, en el interior de cada uno se va formando una sensación de ser un «yo individual», básicamente por dos razones peregrinas. La primera es porque el exterior no cesa de dirigirse a nosotros con un nombre y unos apellidos para diferenciarnos y que sepamos que se están refiriendo a nosotros y podamos contestar si es oportuno. La segunda razón, porque vamos acumulando memoria de lo que nos ha sucedido, de lo que hemos sentido o pensado, y un buen día esa memoria se considera consolidada e, igual que las mascotas, aprendemos a mirar, a acudir cuando nos llaman y a creernos que somos eso que describen los que nos llaman.

Mientras tanto, en realidad, ellos están como nosotros: en el fondo, no tienen ni idea de quiénes son ellos y si es que son o no algo diferenciado. Ese es el circo social de enredos en el que vivimos, y la identidad personal es una de las reglas centrales para funcionar en su pista.

Los cuatro pasos para que aceptemos el espejismo de «nuestra persona»: «Me piensan, me narran, lo integro, luego existo»

Como explica muy bien Yuval Noah Harari, pensador original y brillante por el que siento un gran respeto, la diferencia sustancial de los seres humanos es que somos unos magníficos creadores de historias de ficción. Estas fueron la semilla de nuestras primeras civilizaciones, ya que permitieron crear, creer y compartir símbolos, mitos o cosmovisiones que hicieron posible la cooperación, que pasáramos de apoyar solo a miembros de nuestra familia de sangre, a colaborar con miembros de otras familias, lo que con el paso del tiempo dio lugar a la formación de tribus y naciones.

La posibilidad de crear la ficción en la que vivimos está relacionada con la aparición del lenguaje, que tuvo como uno de sus frutos el desarrollo de un mundo simbólico, cuya potencia es tan grande que *de facto* es el que regula nuestro mundo material. Un ejemplo es el concepto de nación. A pesar de que los historiadores relatan lo variables que son las fronteras nacionales, e incluso lo perecederos que son los nombres de las naciones o sus banderas, muchas personas se sienten tan identificadas que no dudan en defender ese símbolo en una guerra, a pesar del riesgo de perder su vida o de quitársela a otros, a los que consideran «enemigos» en ese momento histórico.

Como plantean un sinfín de ilustres paleontólogos, antropólogos y sociólogos, la historia de la humanidad es una «historia de historias» compartidas que tienen las características comunes de su arbitrariedad y su impermanencia. Lo que hoy es ideado, aceptado e incluso impuesto, al cabo de un tiempo puede ser rechazado y causa de prisión si intentamos mantener su vigencia.

Los problemas de salud mental que está ocasionando la adicción a las redes sociales o a las plataformas de entretenimiento, a través de las pantallas de móviles, portátiles y televisores, son la consecuencia de esa avidez innata de que nos cuenten historias e intentar formar parte de ellas, aunque sea de forma pasiva y nuestra aportación se limite a ser espectadores o a compartir selfis y hacer pública nuestra vida ficcionada, en la que todo son sonrisas y fotos enfocadas del lado que creemos más interesante para nuestra biografía y nuestra fotogenia. Los humanos tenemos la necesidad ineludible de formar parte de algo mayor que nosotros. Necesitamos definir quiénes son los nuestros y quiénes no, aunque sea de forma provisional.

Si fuisteis hijos deseados, empezasteis a existir antes de la fecundación. Fuisteis tomando forma en la imaginación y los sueños de vuestra madre, vuestro padre, vuestros abuelos y abuelas, incluso de todo vuestro clan familiar.

Todos ellos os dotaron de características imaginadas y que iban desde el carácter a la apariencia física o a las habilidades que mostraríais a lo largo de vuestra vida. Puede ser que antes de ser parte de un óvulo en progreso, algunos parientes ya os vieran en vuestra edad adulta con esta o aquella profesión, o siendo padres e incluso abuelos.

La capacidad humana de proyectarse en el futuro no tiene límites, y en ella volcamos sueños no cumplidos, decisiones erradas que otro tendrá que rectificar en el futuro, éxitos no conseguidos, miedos no superados, reconocimientos no vividos, patrimonio que recuperar o aumentar, etcétera.

Cuesta un triunfo mantenernos en el presente de nuestra vida y en mayor grado en el de la vida de los vástagos, que son un futuro encarnado por definición, que nos convierte en pasado con cada nueva mirada.

Transcurrido el preámbulo del embarazo, un buen día nuestro cuerpo nace a este mundo. Lo primero que hacemos es llorar, posiblemente como una premonición de que no va a ser fácil navegar lo que viene por delante. Es curioso que no se conozca el caso de un bebé que, en lugar de llanto, haya emitido una sonora carcajada. Algún científico tendría que dedicarse a investigar el porqué, ya que funcionalmente una potente carcajada cumple también funciones de oxigenación.

Pasada nuestra primera congestión de tráfico, nos limpian y empiezan a mirarnos y a emitir una gama de sonidos con los que intentan expresar su asombro ante un nuevo proyecto humano todavía en estado de arruga y sobrecogimiento. Aquí empezarán a sacarnos parecidos. Les surge la necesidad de que nos parezcamos a alguien, y mejor que ese alguien sea del linaje directo. Una vez ubicada nuestra nariz, barbilla, color de ojos, cejas... en el archivo del Photoshop parental, comienza la siguiente búsqueda: las similitudes de nuestro temperamento.

No conozco el caso de ningún bebé humano al que hayan dejado pasar veinticuatro horas sin clasificar y asimilar a un semejante. Mientras tanto, el bebé apenas puede abrir los ojos, pero tiene más radares en posición de escucha y alerta que la plataforma de lanzamiento de la NASA en Houston, Texas.

Como bebés, intuimos que nos jugamos la vida en los días posteriores al nacimiento. Lo intentamos sentir todo. Queremos diagnosticar si estamos en peligro, si hemos sido recibidos con alegría o preocupación, con tensión o tranquilidad, con amor, con indiferencia.

Pasados unos días, vamos aprendiendo las rutinas de nuestra familia. Vamos distinguiendo qué conductas obtienen por respuesta una sonrisa y cuáles activan en sus caras la articulación del triángulo de la tristeza.

Lo percibimos todo y a todos como un *todo* unido con nosotros. Experimentamos una sensación de unidad, no solo con ellos, sino con todo lo que podemos sentir. Ese «todo» es una gran incógnita, y con nuestra sonrisa, nuestros gritos o nuestros llantos intentamos negociar las mejores opciones posibles para cada situación.

Durante los primeros meses, se crea un tipo u otro de vínculo con nuestra familia, y eso condicionará en gran parte el tipo de vínculos que estableceremos durante el resto de nuestra vida. Ese proceso de desarrollo de vínculos se inició en el embarazo, pero después del nacimiento es cuando toma su significación mayor.

Hay innumerables teorías al respecto, pero lo cierto es que desconocemos cómo se da con exactitud el proceso de individuación que pasamos y que nos lleva de ser una parte de un todo, la madre, a una parte de un todo mayor, el linaje, a un ser distinto de todos y todo, el niño individuado. Pediatras, psicólogos, pedagogos, psiquiatras y otros especialistas implicados en el estudio y tratamiento clínico no comparten un criterio unificado acerca de cuándo aparece o se consolida el «yo».

Unos defienden que eso sucede a los seis meses, algunos dicen que a partir de los doce meses, otros, a los dos años. De la misma forma, no hay acuerdo respecto a cuándo queda formada nuestra personalidad. Utilizando un criterio admitido de forma amplia, podemos decir que empieza a formarse cuando las características del temperamento que hemos heredado son confrontadas con la realidad y adquirimos patrones de comportamiento, maneras de ver y sentir el mundo que nos rodea.

Respecto a sus fundamentos, la personalidad es el sistema primordial: tiene memoria personal, conocimiento propio (llamada «consciencia»), actividad propia de conjunto (llamada «inteligencia») y capacidad de reaccionar (llamada «voluntad»).

Cuando se manifiestan esos fundamentos de la personalidad, es decir, cuando ya adquirimos un primer nivel de información almacenada en la memoria personal, un grado incipiente de consciencia, inteligencia y capacidad de reaccionar, tenemos dos o tres años de vida. En este sentido, estaréis de acuerdo conmigo en que, dada la capacidad de raciocinio autónomo que tenemos a esa edad, podemos afirmar que a la experiencia y a los contenidos que llenarán el «yo existo» accedemos como consecuencia de las proyecciones de deseos y miedos pensados por nuestro entorno. En resumen: me piensan, me narran, luego existo.

Incluyo aquí una cita de libro *The Wisdom of Not Knowing*, de Estelle Frankel: «En la infancia, comenzamos la vida tomando el sol en el fuego blanco de la unidad primordial. Sin lenguaje, nos experimentamos en gran medida como uno con nuestro entorno; aún no estamos separados ni somos distintos de nada ni de nadie. Existimos en un mundo atemporal sin palabras, interconectado sin fisuras, en el que el pasado y el futuro aún no existen. La vida se experimenta como una sucesión de momentos presentes en los que una experiencia fluye hacia la siguiente. Después, hacia los quince meses, entramos en lo que la psiquiatra e investigadora infantil Margaret Mahler denominó la "fase de acercamiento" del desarrollo, durante la cual nuestro sentido de la existencia de un yo comienza a desarrollarse más rápidamente. La adquisición del lenguaje acelera este proceso, y es una parte importante del proceso de separación-individuación del niño».

Un buen día, al igual que en su momento pronunciamos la primera palabra compleja, nos sentimos como una persona singular y separada del resto. Ahí se inicia la fantasía del individuo, el primer *fake* de nuestra existencia. Salir de esa creencia costará una vida entera de trabajo terapéutico y mucho atrevimiento para desafiar uno de los discursos sociales imperantes que pocos se atreven a cuestionar y que defiende que somos individuos racionales, responsables y escultores autónomos de nuestros méritos, virtudes y defectos.

Nos narran antes y después de nacer, y nos narramos durante toda nuestra vida: somos una ficción construida a muchas manos

Para desarrollar con detalle esta idea, utilizaremos reflexiones acerca de las funciones del clan, como institución que nos piensa, cría y educa. Ellos son los encargados de convencernos de que somos una persona separada del resto. Con ellos iniciamos la aceptación de las expectativas del entorno y de «nuestra» idea acerca de cómo y quiénes somos o podemos llegar a ser.

La familia nos separa del universo que somos, para luego hacernos saber todas las expectativas que tienen sobre nosotros e informarnos del enorme contrato-hipoteca que hemos firmado antes de aprender a decir «mamá» o «papá». Estos supuestos emisores de amor incondicional son los primeros que llenan nuestra vida de límites, de horizontes definidos de amor condicional y finito.

Nos explican que esa exuberancia de límites es necesaria para que no malbaratemos nuestro potencial, a cuyo descubrimiento, por cierto, nadie dedicará tanto tiempo como han dedicado a elaborar suposiciones sobre cómo creían que éramos o cómo les gustaría que fuéramos para satisfacer sus expectativas.

En lugar de enseñarnos a correr, saltar y jugar, con nuestra imaginación como juguete principal, a respirar profundamente, a mantener una correcta postura corporal o a meditar, desde muy pequeños nos enseñan a escribir palabras o a leer cuentos en los que ellos no creen, porque ya son adultos, y los adultos están para creer en ficciones de adultos, que, a partir de todo el drama innecesario que contienen, parecen reales.

En los ratos libres en que ellos mismos o quien sea no están enseñándonos «cosas supuestamente útiles», se dedican a llenarnos de creencias que nuestros mentores piensan que son suyas, tal vez porque nunca han tenido tiempo o coraje para revisar si lo que creen lo han decidido ellos o lo han aprendido de otros sin darse ni cuenta. Y ese es el parque de atracciones en el que nos hemos criado la mayoría y que replicamos llenos de supuestas buenas intenciones.

Un gran número de sociólogos, psicólogos sociales, psicólogos clínicos, pediatras, pedagogos, etcétera, tenemos claro que la etapa crucial de formación de nuestra personalidad es desde el inicio del embarazo hasta los seis años; gran parte de esa formación, de esa socialización primaria, la integramos de forma no-consciente. Esto significa que vamos a asimilar indefensos y sin oposición por nuestra parte las creencias de nuestro entorno; nos las van a grabar a fuego. Esa es una responsabilidad que muchos progenitores desconocen, porque nadie les explica cómo funciona el aprendizaje de patrones y creencias en los bebés y durante la infancia.

El discurso social sobre la paternidad y la maternidad es superficial. Está repleto de tópicos y carece de información relevante. El embarazo tiene un gran atractivo debido a la experiencia que significa para muchas mujeres sentir el milagro de una vida creciendo en su interior. De todos modos, tal percepción está cambiando; el fenómeno de los vientres de alquiler muestra cómo ha variado la experiencia de la procreación. La externalización del embarazo está siendo exponencial entre el segmento social que se lo puede permitir moral y económicamente.

Nadie informa a las futuras madres respecto a las estadísticas de estrés postraumático por parto, depresiones posparto, agotamiento, soledad y hastío que viven un porcentaje relevante de las que ya han dado a luz. El movimiento de las «malas madres» ha permitido visualizar la nueva situación gracias a que muchas mujeres se han atrevido a expresar sus emociones y vivencias durante y después del parto.

Según Susana Al-Halabí, profesora del Departamento de Psicología de la Universidad de Oviedo, en los países desarrollados, el suicidio es la principal causa de fallecimiento en las mujeres en el periodo que va desde el embarazo hasta un año después del parto. Está claro que la maternidad ya no tiene la misma significación que cuando estábamos en las cavernas temiendo la extinción de nuestra especie o cuando se sabía que los hijos iban a ser el sustento de los padres en la vejez.

Analizar la evolución de la estructura familiar no es la misión de este libro, por lo que no me extenderé más. Ahora bien, empujado por mi pasión acerca de la condición humana, quiero introducir un comentario: mi predicción a treinta años es que el tipo de familia nuclear que conocemos en la actualidad, basada en la reproducción carnal de los progenitores, estará en sus últimas décadas de vigencia y cada vez representará un porcentaje menor en comparación con los nuevos modelos de familia.

Estoy convencido de que, antes de que acabe el actual siglo, la reproducción en úteros artificiales y una estructura familiar de vínculos livianos será la opción más extendida entre las clases media, media-alta y alta del denominado primer mundo. Estamos en las décadas previas a que se inicie un cambio en el discurso social e iniciemos el trasvase hacia la transhumanidad, en la que naceremos fuera de una familia, con cuerpos que serán en gran parte fruto de diseños de ingeniería genética e implantes que permitirán, en los modelos más biónicos, el alojamiento de algún tipo de funciones vitales preconfiguradas que les permitirán tener mayor eficiencia para las funciones específicas para las que sean creados.

Profundizar en este vaticinio merecerá el tercer y último ensayo de esta serie. Estos dos primeros libros son resultado del análisis de lo que las ciencias conocen y desconocen. Por su parte, en el tercero será una labor de análisis de futuribles, siguiendo las pistas de lo que las mentes más brillantes de las ciencias naturales, sociales y la filosofía sostienen que sucederá en el futuro.

Volviendo al hilo de la exposición, el otro problema que subyace en la socialización primaria no consciente es que los adultos padres y madres estamos tan ocupados sobreviviendo física y emocionalmente que, aun sabiendo los desastres que originamos, no hemos puesto fin a las prácticas heredadas. Nos hemos resistido a emprender una revolución desde la base respecto a lo que significa ser padres, la dedicación de tiempo que conlleva y la preparación que requiere.

Hemos eludido adoptar un compromiso para cambiar los métodos y los contenidos educativos que van a padecer los niños durante sus primeros años de vida, en la que la mayoría de ellos van a ser aparcados primero en las guarderías y luego en parvularios que mantienen criterios pedagógicos anticuados, cuando no perjudiciales.

Somos fruto de narraciones que no hicieron felices a nuestros padres, y somos depositarios de narraciones que han construido un mundo que no nos hace felices a nosotros, y les va a dejar muy pocas opciones de serlo a las generaciones siguientes.

Tú, yo y el lucero del alba sabemos que, si fuéramos dueños de nuestra vida y nuestro destino, salvo que fuéramos masoquistas profesionales, no habríamos construido este desastre de sistema económico y social en el que vivimos.

Quizá sea hora de iniciar el cambio y reescribir el guion de las historias que contamos y que estamos dispuestos a tragarnos. Creo y siento que merecemos un futuro mejor.

El delirio de creernos una persona individual con un destino individual y sus daños colaterales

En mi opinión, el fundamento y principal problema que hay detrás del error sistémico de nuestro modelo económico, social y emocional es que está construido sobre el delirio de creer que somos personas individuales, con destinos individuales sobre los que tenemos elección autónoma. Nos equivocamos al pensar que somos seres racionales que toman las decisiones de forma consciente. Es una visión del ser humano que es pura ilusión, carente de fundamento científico y fruto de argumentos teóricos obsoletos.

Las investigaciones recientes de la neurociencia obligan a sustituir esas antiguas creencias por un nuevo marco conceptual que conduce a la humildad y la interdependencia. Humildad porque gracias a los avances de la ciencia ya sabemos que somos seres emocionales (sintientes) y no conscientes, pues son las emociones y el inconsciente los principales activadores de nuestras conductas y aprendizajes, no la razón y el consciente. Interdependencia porque incluso los cursos máster de dirección de empresas impartidos en las escuelas de negocio, de tendencia neoliberal, ponen el foco en la importancia de la gestión en redes interconectadas. El efecto mariposa ya se ha incorporado al imaginario social.

Gracias a las ciencias sociales, sabemos que nuestras creencias y actos son fruto de la interacción de una multitud de causas y no solo de nuestra voluntad. En los últimos dos siglos hemos llevado ese desvarío individualista hasta sus últimas consecuencias. Los resultados y daños colaterales saltan a la vista. Uno de ellos es el desastre medioambiental, con crisis climática incluida y negada por los defensores a ultranza del modelo socioeconómico vigente.

La prestigiosa revista científica *Nature* publicó en 2023 una investigación realizada por varias decenas de brillantes investigadores y patrocinada por la Earth Comission en la que concluyen que siete de los ocho sistemas de los que depende la supervivencia de la especie humana ya han sobrepasado sus límites de tolerancia.

Estos sistemas son el clima, la integridad funcional de la biosfera (pérdida de diversidad de especies), los ecosistemas naturales inalterados, el agua superficial, las masas de agua subterránea, la contaminación por fósforo y el exceso de nitratos. Se han traspasado ciertos límites y los daños son potencialmente irreversibles.

Respecto al cambio climático, el noventa y nueve por ciento de los estudios científicos publicados confirman que los seres humanos somos los causantes de la crisis climática que estamos padeciendo, cuya causa principal es el uso de combustibles fósiles.

Según las investigaciones promovidas desde Naciones Unidas, tenemos un plazo de tres años para rectificar las políticas productivas y de consumo para evitar llegar a umbrales de consecuencias devastadoras. Una de las conclusiones de estas investigaciones es que el planeta es un todo interconectado en busca de equilibrio y que la intervención errónea en un lugar tiene consecuencias globales. Está claro que el planeta no entiende de realidades aisladas por ciudades, regiones o naciones. Igual le sucede a la humanidad: necesitamos dar un salto de consciencia y abandonar los delirios de destinos individuales, somos un destino compartido.

Otro de los daños colaterales del actual modelo socioeconómico basado en el progreso individual a cualquier precio es la cada vez mayor desigualdad en la distribución de la riqueza. Las cifras son de vértigo. Según Oxfam Intermón, en la última década, el uno por ciento más rico de la población mundial ha acumulado cerca del cincuenta por ciento de toda la nueva riqueza generada. Cito textualmente: «Por cada dólar de nueva riqueza global que recibe el noventa por ciento más pobre de la humanidad, un milmillonario se embolsa 1,7 millones de dólares».

Por supuesto, en mi opinión, la solución no está en el planteamiento igualitario comunista. Los ejemplos de China y Rusia son una muestra de la perversión y los enormes peligros de ese modelo.

La solución, en mi criterio, se debe gestar desde una perspectiva de revolución de la consciencia. Desde un replanteamiento filosófico del ser humano como ser social, como un «nosotros personalizado con destino compartido».

Esto conllevará un replanteamiento del modelo de organización social, una transición a modos de producción sostenibles, una distribución de la riqueza más equitativa que la actual y una nueva forma de entender cuál es el sentido de la experiencia vital de un ser humano.

Como exponía con detalle en *La sabiduría del no saber*, la evolución del *Homo sapiens* y del resto de la vida orgánica de nuestro planeta son ejemplo de cómo la cooperación y no la competencia han sido las claves del éxito evolutivo. Creo que cada uno de nosotros, con su vida diaria, tiene la oportunidad de encarnar el cambio social que desea para él mismo y para el resto.

Como argumenta el profesor Agustín de la Herrán Gascón: «En todo el continuo de la posible evolución humana, el ego y la conciencia son las variables fundamentales. De hecho, la evolución humana podría conceptuarse como el proceso de paso del ego a la conciencia».

El segundo daño colateral significativo de este modelo individualista, centrado en la prosperidad económica, es la ausencia de plenitud vital en cada vez más personas. Hay indicadores que no dejan lugar a dudas, como el aumento del consumo de fármacos contra la depresión, ansiedad, estrés, etcétera, o el incremento de conductas suicidas en todos los rangos de población, las crisis sanitarias por consumo de opiáceos, etcétera.

Haber puesto el foco principal en el bienestar material nos ha llevado a una confusión generalizada. De hecho, tenemos al planeta en situación de emergencia climática, y a la mayoría de su población, en emergencia emocional. Algunas de las pocas cosas de las que hay un gran *stock* disponible son la tristeza, el desconcierto y el hambre.

En los siguientes capítulos voy a proponer las acciones que pienso que nos pueden llevar como especie a una opción de vida más plena y sostenible que la que tenemos ahora. No los he escrito con la pretensión de que «crezcas o te desarrolles personalmente»; muy al contrario, mi intención es que gracias a los aprendizajes que puedas incorporar destruyas desde los cimientos el espejismo de ser una persona individual.

Este no es un libro de autoayuda, sino de autodisolución de tu personaje, con el fin de que integres en tu vida la experiencia del universo que eres, que somos todos, y dirijas tu día a día a expandir esa consciencia a base de dejarte caer en el «nosotros compartido»; en eso que somos todos y cada uno de los miembros de esta maravillosa especie, que aún tiene pendiente fijar su residencia en su auténtico centro de poder y buscar sentido a su vida allende de un propósito individual. Para esa misión, necesitamos reconectar con la consciencia singular humana, aquella que está más allá de los pensamientos. El cuerpo y la respiración son la puerta de entrada, y a ellos dedicaremos algunas páginas en el siguiente capítulo.

Concluiré este apartado con una cita de *La sanación silenciosa*, de Aliciah y Jai Arumi: «Estamos atrapados en el tiempo, igual que estamos atrapados en la identidad. Vamos del pasado al futuro, y en este ir y venir nos llevamos con nosotros nuestra identidad, nuestra historia, nuestro árbol genealógico, la memoria de todo lo que hemos vivido... Viajamos del pasado al futuro y nos perdemos la vida. La vida está en el principio de realidad, y ¿dónde está el principio de realidad? Aquí y ahora».

El sufrimiento de sentirte uno. El éxtasis de sentirte unidad

La primera separación la experimentamos al nacer. Es nuestro primer contacto con la soledad, con el desamparo ante lo desconocido, ante lo que no podemos controlar. De ahí surge nuestro primer y desgarrador llanto.

Durante la gestación vivimos en un fluir involuntario, porque apenas tenemos margen de maniobra para imponer nuestra voluntad. Como mucho podemos intentar informar a nuestra madre acerca de cómo nos sentimos. Vivimos en una confianza ciega, y nunca mejor dicho, porque ni siquiera necesitamos abrir los ojos o respirar por nuestra cuenta. Todo se hace, mientras asistimos casi como meros observadores de la vida que crece en nosotros, manifestando su potencial.

Después del sobresalto del nacimiento, aún disponemos durante unos meses de la capacidad de vernos conectados con todo lo que nos rodea. El cerebro y los sentidos apenas tienen la capacidad de informarnos de los límites de nuestro cuerpo. No necesitamos reconocernos en ese caparazón y observamos el mundo con infinita curiosidad.

Un buen día, que parecía igual que el anterior, nos traerá la novedad de percibirnos como un individuo separado del resto de lo vivo y de lo muerto. Nadie sabe por qué pasa esto. No hay una explicación científica única al respecto, solo interpretaciones, como en casi todo lo sustantivo.

Ese día experimentamos la dureza de dejar de ser un «nosotros» para iniciar el camino de vivirnos como un «yo». Si nuestro guion de vida incorpora la búsqueda de un sentido transcendente, el resto de la existencia transcurrirá recorriendo el camino inverso desde ese «yo» infantil hacia el «nosotros» que sostuvo la llegada a este planeta como ser humano.

Vivirnos como un «yo» es nuestra primera muerte, ya que en esa experiencia se incorpora plenamente la desconexión con la VIDA en mayúsculas y nos quedamos con la calderilla de nuestra vida particular. La sabiduría ancestral que contiene cada una de las células del cuerpo, que son fruto de la inteligencia esencial del universo que las creo, siente en ese momento un terremoto, cuya consecuencia es la desaparición del éxtasis de la vivencia en unidad.

A partir de ahí, el desamparo que sentimos en el momento de nacer se instala de forma permanente. Dejamos de contemplar y pasamos a observar en juicio continuo. La actividad intrínseca de nuestro cerebro que se encarga, de forma automática, no consciente y continua, de elaborar predicciones para ayudarnos a sobrevivir, se convierte en nuestra fuente principal de interpretación de la vida. Sus sugerencias rebosan prevención y desconfianza ante el devenir. A la pulsión de vida le aparece de forma plena su polaridad, el miedo a la muerte. Se abre la autopista hacia el sufrimiento, en la que, si permaneces, pagas sin descanso un peaje tan innecesario como cruel.

La gran pregunta es: ¿cómo salir de esa vía de sufrimiento? Es muy sencillo formular la respuesta, pero muy difícil llevarla a la práctica, porque requiere deshacer de forma consciente y desde la raíz la ilusión de que existes como individuo.

El «yo personal»: muro de frontera que dificulta el salto de individuos a humanidad

Cuando este libro se publique, ignoro en qué sección lo colocarán en las librerías. Podrían ubicarlo en la sección de divulgación científica, porque recoge argumentos actualizados de físicos, neurocientíficos o biólogos. También podría ser ubicado en las secciones de filosofía contemporánea, o de espiritualidad, porque su contenido llama a iniciar una revolución de la consciencia. Por último, también se podría ubicar en las secciones de psicología social o sociología, porque sugiere la necesidad de una nueva revolución social que no solo intente mejorar las condiciones materiales de vida, sino que también modifique nuestros sistemas educativo, social y productivo.

Ahora bien, si me permiten presentar una propuesta de innovación en las secciones ya existentes, pediré que, junto con la sección de «Autoayuda y crecimiento personal», abran un nuevo epígrafe de «Autoayuda para el decrecimiento personal». Mi sugerencia está basada en que después de lo aprendido en mi recorrido académico, profesional y personal, estoy convencido de que el espejismo del «yo personal» es el muro de frontera más alto y profundo que nos separa de la plenitud vital y del progreso como humanidad. Esta nueva sección también podría acoger este ensayo.

Creo necesario hacer llegar a la educación y al entretenimiento un nuevo discurso y nuevos referentes personales y sociales que estén cimentados en la deconstrucción del espejismo del «hecho a sí mismo», para sustituirlo por «hecho por muchas manos».

En los discursos progresistas, se habla de la importancia de ir derribando fronteras nacionales para conseguir unas mayores tasas de igualdad y fortalecer el imaginario de que todos formamos parte de una misma humanidad. Alcanzar esa meta será mucho más probable si ponemos el foco en mitigar hasta hacer desaparecer la frontera que es origen y ubicación del más contundente de los muros, la ilusión del «yo personal», que tanto alimentan los discursos neoliberales, y ahora también los ensayos de crecimiento personal.

El «yo personal» de un humano y un robot con IA. Más similitudes que diferencias

Soy consciente de que esta afirmación puede parecer contraria a toda lógica, pero un mero análisis superficial mostrará las escasas diferencias entre ambos. Los dos son una construcción social con identidad, creencias y valores aprendidos e integrados de forma no consciente en la infancia, durante la socialización primaria en el caso de los humanos o con el tipo de información que sus programadores han seleccionado y con la que han alimentado su memoria de trabajo, en el caso de los robots comandados por una inteligencia artificial (IA).

Lo mismo sucede con el supuesto propósito personal, que ha sido generado en gran medida a partir de influencias significativas de inputs externos a cada humano: familia, entorno, educación, temperamento, azar vital, momento histórico, etc. O de la IA, a la que sus programadores le han marcado un propósito de trabajo.

Si vamos a algo más profundo que la identidad y el propósito personal, encontraremos similitudes también en los niveles de consciencia. Ya sé que es algo muy extendido argumentar que la consciencia está presente en todo ser humano, mientras que un robot comandado por la IA carece de ella. Pero, si vamos más allá de lo que parece obvio e indiscutible, aparecerán preguntas como: ¿a qué tipo de consciencia humana se refiere este argumento que parece ser incontestable y obvio? ¿Se refiere a la consciencia que tiene un humano al saber o, dicho de otra forma, al estar consciente de lo que está haciendo en cada momento de su vida? Un robot dirigido por una IA también sabe perfectamente lo que está haciendo porque obedece a un programa cerrado con indicaciones precisas; de hecho, y a diferencia de un humano, en un robot, la distracción, es decir, el no estar plenamente en lo que está haciendo es algo que no está ni previsto en su funcionamiento.

¿O se refiere a conocer las causas reales que le han llevado a tener una u otra conducta? Aquí volvemos a encontrar parecido entre ambos, ya que el robot desconoce estas causas reales y el humano puede creer que las conoce; sin embargo, como ya sabemos por la neurociencia, la psicología, la pedagogía, la psicología social y la sociología, la gran mayoría de nuestros comportamientos se activan desde el inconsciente y se aprenden en la socialización, a partir de patrones morales o culturales arbitrarios de cada sociedad.

¿O se refiere a consciencia sin «s»? Aquí sí encontramos una aparente diferencia, ya que un robot no tendrá buena o mala conciencia, es decir, sentido de culpa o mérito, mientras que un humano sí. De todas formas, la diferencia no es central, ya que, en innumerables ocasiones, un «lo siento» no va seguido de cambiar la conducta por la que hemos sentido remordimientos.

Si nos ceñimos a los datos que muestra la historia de la humanidad, la pregunta correcta sería: ¿cómo el mismo ser humano que ha conducido el planeta al colapso ambiental y a sí mismo al colapso emocional es capaz de continuar dando discursos sobre su gran propósito ético innato o aprendido?

Estoy totalmente de acuerdo en que la IA necesita un marco legal que la regule, pero, en mi opinión, el eje no es una cuestión moral. El motivo central de nuestra preocupación es evitar que la IA sea utilizada como instrumento de fabricación de noticias falsas y como monopolio opaco de las corporaciones que ahora lideran el sector tecnológico, cuyos objetivos ya sabemos que se alejan de la búsqueda del bien común o de ayudarnos a alcanzar nuestra plenitud vital.

Creo que, en realidad, los argumentos morales están basados en el miedo a que en el futuro los dispositivos y robots IA sustituyan o eliminen a los humanos, al haber llegado estos a la conclusión de que somos causa de extinción continua de especies, origen de daños irreparables para el entorno natural e incluso seres capaces de explotar, maltratar y empobrecer a la gran mayoría de nuestros congéneres en el irracional afán de aumentar la magnitud de patrimonios imposibles de proporcionar felicidad a sus dueños, porque sus corazones están tan inertes como las joyas y abalorios que guardan en sus cajas de seguridad. En mi opinión, en los planteamientos teóricos sobre futuros, es muy importante no olvidar dónde estamos los seres humanos hoy y cuál es nuestra traza histórica en relación con ciertos límites éticos.

Si somos neutrales, y ese es un esfuerzo que debemos exigir a los ensayistas que construyan nuevos escenarios, seremos conscientes de que nuestra especie ha sembrado más horror que gloria para el resto de las especies y para el planeta. No tenemos un pasado de cuidadores del que podamos sentirnos orgullosos, y si lo tuvimos es tan antiguo que ha tenido que ser reconstruido por paleontólogos, ya que los historiadores aún no existían, debido a que no existía ni el lenguaje escrito.

Por tanto, cuando hablamos del factor moral como diferencia entre la experiencia vital de un ser humano y un robot, estamos haciendo más referencia a un potencial humano que a una realidad histórica. Puestos a argumentar ignorando nuestra huella histórica, también le podemos asignar ese potencial ético a los futuros robots IA o a los transhumanos, y de esa forma igualamos la fantasía.

Otra diferencia que suele aparecer en los debates sobre IA es que, gracias a tener un cuerpo físico, los humanos tenemos consciencia. Es decir, que son nuestras continuas experiencias con el cuerpo las que originan nuestros procesos conscientes y que eso nunca lo podrá experimentar un robot IA. En cuanto profundicemos un poco este argumento, se deshace. No me extenderé mucho, pero baste con indicar que los sentidos de la propiocepción e interocepción, de los que hablaré en el próximo capítulo, son los que nos dan esa información corpórea a través de una innumerable cantidad de sensores que tenemos en todo el cuerpo. No tiene mayor dificultad colocar esa red sensorial en un robot IA.

Por otro lado, no hay que olvidar que los seres humanos ya vivimos de forma continua en una interpretación fabulada y distorsionada de la realidad fabricada en nuestra mente. Estadísticamente hablando, son significativas las cifras de problemas de salud mental por falta de conexión cuerpo-mente, y son irrelevantes las cifras del porcentaje de la población que practican habitualmente meditación o ejercicios de consciencia corporal. Un último detalle, un robot IA, un transhumano o nosotros en el metaverso, somos ilusión mental al cien por cien.

No soy defensor de un futuro transhumano, ni del desarrollo sin control de la IA, pero, dadas las inversiones que están haciendo en IA tanto China como Estados Unidos, y las decisiones estratégicas que ya han tomado, queda claro que estamos en una realidad sin retorno posible. Dadas esas circunstancias, propongo que nos atrevamos a vislumbrar un enfoque diferente de la IA, siempre vista como peligro, para plantearla como la irremediable continuación de nuestra especie, que con ella creará su siguiente versión.

Está claro que, más allá de nuestras opiniones particulares, estamos delante de un nuevo paso evolutivo que tendremos que aprender a gestionar. Tampoco olvidemos que la situación actual difícilmente empeorará; ya intuimos que, si continuamos por la misma senda, no hay salida para la supervivencia de la especie humana. Visto que no hay una opción B, quizá lo más inteligente es atreverse a creer y trabajar para que el nuevo *Homo hybridus* de la era transhumana aporte la racionalidad y consciencia de las que tanto hemos alardeado en la era sapiens, pero de las que está carente nuestra historia.

Un *Homo hybridus* con apariencia externa similar al humano actual, pero con otros potenciales y en el que quizá sí pueda florecer la naturaleza colaborativa que tenemos en nuestra semilla de vida, ya que somos descendientes directos de las células eucariotas, que, asociándose y no compitiendo, dieron lugar a la vida orgánica, de la que miles de millones de años después surgió nuestra especie.

Claves que te aportará el antídoto al primer espejismo

Integrar en tu vida cotidiana lo expuesto en este primer antídoto te aportará las siguientes claves:

- Descubrirás cómo la neurociencia califica de alucinación controlada la percepción de ser individuos separados del resto. Son las limitaciones del sentido de la vista las que nos hacen creer que existimos como personas individuales separadas del resto. Los ojos no tienen la capacidad de ver todo el entrelazado en el que se da la VIDA.

- Averiguarás que creemos ser individuos también como consecuencia de la identidad subjetiva que da la experiencia corporal, originada en gran parte a partir de nuestra memoria acumulada en las experiencias vividas.

- Conocerás los cuatro pasos que originan que aceptemos el espejismo de la «persona»: «Me piensan, me narran, lo integro, luego existo».

- Aprenderás que existen cerebros individuales, pero que la mente y la consciencia son colectivas. Entenderás que los humanos somos parte de un continuo, no entidades aisladas de él, y, por supuesto, somos fruto de ese continuo, no sus escultores. Nuestro destino, supuestamente personal, es un destino compartido.

- Constatarás que desde 1980 la argumentación basada en hechos ha ido convirtiéndose gradualmente en irrelevante en el discurso público, ocupando la argumentación emocional el lugar antes reservado a la racionalidad. A la vez, ha disminuido el lenguaje referido a la colectividad y ha aumentado el lenguaje referido al individuo.

- Entenderás que la tendencia anterior es la base que permite la proliferación de noticias falsas que dificultan que puedas generar opiniones fundamentadas en hechos y sus consecuencias personal o socialmente. Constatarás algunos de los daños colaterales que comporta la visión individualista del ser humano.

- Integrarás la importancia central del papel de las familias y la educación en el parvulario y escuela primaria en la formación de la personalidad, desde la que gestionaremos nuestra vida.

- Entenderás que el objetivo de este ensayo no es ayudar a tu crecimiento personal; muy al contrario, su misión es que descubras razones por las que es recomendable que disuelvas la fantasía de que eres esa entidad referida como «yo personal» y avances hacia el «nosotros personalizado».

2. Segundo espejismo: creer que la inteligencia y los sentidos permiten que conozcas la realidad

Según el enfoque de la física clásica, nuestra capacidad intelectual, instrumentos y sentidos permiten que conozcamos de forma objetiva la realidad a través de mediciones y repetición de experimentos según las reglas del método empírico.

Este paradigma científico, que estuvo vigente hasta principios del siglo XX, afirma que ya conocemos los principales fundamentos de la realidad física, lo que permite declarar qué es verdadero o qué es falso en esa realidad. Además, considera que gracias a nuestras capacidades intelectuales y sensoriales estamos completando las piezas que faltan para conocer la totalidad del puzle, por lo que solo es cuestión de tiempo que podamos desvelar los misterios del universo que aún desconocemos.

En este capítulo os presentaré los argumentos científicos que os permitirán integrar por qué la presunción de que tenemos las capacidades intelectuales y sensoriales para conocer la realidad es el segundo veneno. Para empezar, porque nos lleva a creer que la realidad es tan limitada y tan poco interconectada como lo que son capaces de percibir nuestros sentidos. Sin duda, nuestros sentidos son de una gran ayuda para funcionar en el mundo, pero la información que nos facilitan es muy parcial y puede describir una primera capa de la complejidad de la realidad.

Aceptar esa información como completa nos lleva a aceptar como válida una visión simplificada y errónea del contexto en el que se da la experiencia de nuestra vida y también de nuestros verdaderos potenciales para interactuar en ella. Este capítulo te permitirá entender que la función de los sentidos de cada especie de ser vivo se ciñe a facilitarnos la información requerida para nuestra supervivencia.

El espejismo de creer que tenemos las capacidades intelectuales para conocer la realidad y que lo conseguiremos gracias a un método tan constreñido como el empírico lleva a confundir cuál es nuestro papel en el juego de la vida y a configurar una puesta en acción del ser humano lejana a la humildad y al asombro que correspondería ante los misterios y la insondable complejidad del universo, que escapan y escaparán a nuestra pequeña mente racional, incapaz de descifrar el caos sensible en el que se desarrolla la VIDA. Tenemos las capacidades necesarias para interpretar la VIDA, pero no para conocerla de forma objetiva o completa.

Su antídoto: carecemos de capacidades intelectuales y sensoriales para conocer la realidad, pero podemos aprender a habitar nuestro cuerpo físico

A la luz de los conocimientos científicos actuales, podemos afirmar que nuestros cinco sentidos (vista, oído, olfato, gusto y tacto) facilitan una información empobrecida y en muchos casos errónea de la compleja realidad física en la que vivimos. Tres ejemplos que expliqué en detalle en *La sabiduría del no saber*:

1. Los colores no existen en la realidad. Los percibimos porque esa es la interpretación que hacen los fotorreceptores de nuestros ojos de las diferentes longitudes de onda de luz visible que les llegan.

2. La materia sólida que tocamos con nuestras manos es principalmente vacío, energía y campos electromagnéticos. Es la fuerza de estos últimos lo que hace percibir la materia como sólida.

3. Vivimos con una falsa sensación de quietud; lo cierto es que nuestro planeta, y por tanto nosotros sobre él, cada segundo de nuestra vida, se mueve a 107 280 kilómetros por hora, es decir trescientas catorce veces más rápido que un coche de Fórmula 1 en la recta de la pista.

A pesar de las limitaciones de nuestros sentidos, quiero empezar este apartado rindiendo un tributo a su sofisticación, a sus increíbles mecanismos de funcionamiento. Una de las grandezas del ser humano es el cuerpo físico. Profundizar en su conocimiento lleva a aumentar la admiración hacia la sabiduría de la naturaleza, lleva al asombro y al respeto.

Haré este homenaje hablando de los ojos, pero te aseguro que podría deslumbrarte descubrir cómo funciona cualquiera de los otros sentidos, que ayudan a que nuestra vida sea manejable.

Creo que si, en la educación que recibimos desde la infancia a la universidad, nos mostraran la complejidad de los procesos que nuestro cuerpo pone en marcha cada segundo de nuestra vida, lo cuidaríamos sin necesitar la voluntad y nos conectaríamos con mayor facilidad a la grandeza que somos y al universo al que pertenecemos.

El homenaje será, pues, al sentido de la vista. Según el científico y profesor del MIT (Instituto Tecnológico de Massachusetts) Roger N. Clark, el ojo humano tiene la capacidad de discernir un máximo de 530 megapíxeles. Para que tengas una idea de la altísima calidad de la que estamos hablando, las cámaras fotográficas profesionales avanzadas apenas superan los 30 megapíxeles. El ojo humano promedio puede distinguir un millón de colores y su espectro visible está en longitudes de onda entre 380 y 760 nanómetros.

Vuelvo a los fundamentos. Nuestros ojos pueden ver los objetos gracias a los fotones que rebotan sobre ellos. Al primer lugar que llega la luz de esos fotones es a la córnea, que la refracta para que llegue al iris, que es la parte pigmentada y que actúa como un diafragma, dejando entrar más o menos luz a la pupila. Detrás de esta se ubica el cristalino que permite un enfoque adecuado.

Desde ahí atraviesa el humor vítreo del interior del ojo y llega a la retina, ubicada en la parte posterior del globo ocular y constituida por más de diez capas de tejidos. Allí tenemos ciento treinta y siete millones de células fotorreceptoras sensibles a la luz, que absorben esos fotones. La retina convierte la imagen en señales eléctricas que, a través del nervio óptico, las enviará a la corteza visual, que se encuentra en el lóbulo occipital, en la parte posterior del cerebro. El cerebro, a través de las diferencias que observa en la imagen enviada por cada uno de los ojos, conocerá la distancia a la que se encuentra el objeto.

A partir de ahí, el cerebro interpretará esa imagen conectándola con la información y las memorias previas de las que disponga. Entonces tendremos una información que incorporará la descripción física con un determinado rango de emociones.

Supongo que leer estos párrafos sobre la sofisticación de nuestros ojos te habrá dejado la misma sensación de asombro que me ha producido a mí escribirlos; a la vez, seguramente, habrás sido consciente de que solo podemos ver una parte ínfima de la realidad. Me explico: de los siete tipos de ondas que componen el espectro electromagnético (ondas de radio, microondas, luz infrarroja, luz visible, luz ultravioleta, rayos X y rayos gamma), solo podemos ver una de ellas, la luz visible.

Es probable que cada especie esté dotada de los sentidos que necesita para cumplir su papel en el vasto conjunto de la vida orgánica. Es decir, que cada una está configurada para percibir una realidad física singular y no otra que supere sus funciones vitales o incluso existenciales.

De la misma manera, las abejas ven la luz ultravioleta y nosotros no, debido a que ellas la necesitan para detectar qué flores tienen néctar y cuáles no. Eso no solo afecta al bienestar de las abejas, sino que les permite ejercer su cometido de polinizadores, fundamental para otra multitud de seres vivos, incluidos los humanos, ya que sin polinización muchas frutas, verduras y cultivos no serían fertilizados.

Una vez rendido el homenaje a la sofisticación de la vista, volvamos al eje de la explicación.

Debido a la insondable complejidad de la realidad, los sentidos únicamente pueden proveer una idea simplificada del mundo y de nuestro cuerpo. Entender esa enorme complejidad de la realidad física en la que vivimos es inaccesible para nuestra mente, ya que su comprensión va en contra de cualquier modelo mental lógico que podamos construir.

Por ejemplo, para la mente y los sentidos, es muy difícil integrar la idea del vacío de la materia, de la energía oscura, de los agujeros negros, de la antimateria, etcétera.

Como explicaba en *La sabiduría del no saber*, la ciencia actual reconoce desconocer el noventa y seis por ciento de la realidad física; del cuatro por ciento que sí conoce qué es la materia, conoce su naturaleza, pero desconoce su origen. Ni siquiera sabemos si existe un único universo o si, como afirmaba Stephen Hawking, hay una multiplicidad de universos coexistiendo en paralelo.

Carecemos de un mapa integral del cuerpo humano o del cerebro. No conocemos el origen de la vida, ni el de los cinco reinos de seres vivos. Sabemos que ha existido una evolución de las especies en nuestro planeta, pero desconocemos los mecanismos de esa evolución y su propósito.

El universo tiene un tamaño estimado de noventa y cinco mil millones de años luz, y el viaje tripulado más lejano que hemos hecho fue a la Luna, que está a dos segundos luz, etcétera.

En conclusión, los datos apuntan a que descubrir las grandes leyes que rigen el universo y el detalle de cómo se implementan excede a nuestras capacidades y quizá a nuestro papel en el vasto juego de la VIDA. Resituarnos en el ámbito que nos corresponde puede ser el primer paso que consolide un salto evolutivo para nuestra especie que permita dimensionarnos en la justa medida.

Algunas causas por las que el ser humano no puede conocer la realidad:

1. Hemos descubierto la complejidad de la realidad física y la queremos conocer con:

- El método empírico, que se diseñó para estudiar la realidad macro (mayor tamaño que el átomo) y que tiene muchas dificultades para trabajar con el 99,9999999 % de la materia que es vacío, energía y campos electromagnéticos.

- Unos instrumentos y unas tecnologías incapaces de averiguar incluso la estructura molecular del agua, el elemento que sostiene la vida y que seguimos explicando solo desde su formulación química o desde los sólidos que tiene en disolución.

- Una mente lógica, que puede descifrar leyes de la realidad macro, pero a la que le es muy difícil descifrar las leyes de la realidad micro, que se rige por el caos y que sostiene y dirige la realidad macro.

2. Conocemos la complejidad de la realidad personal y la queremos indagar con:

   - Una mente racional que intenta entender algo tan poco racional como el inconsciente. Según los estudios de Gerald Zaltman, miembro del comité ejecutivo de la Facultad de Comportamiento, Mente y Cerebro de la Universidad de Harvard, ya sabemos que el inconsciente procesa entre el noventa y el noventa y cinco por ciento de la información que pasa por nuestro cerebro. Muchos otros prestigiosos científicos se han posicionado en este sentido. En el siguiente capítulo entraré con más detalle sobre este contenido.

- No conocemos la naturaleza y ubicación física precisa de la consciencia, que según sabemos hoy día es la que gestiona entre el cinco y el diez por ciento de la información que pasa por el cerebro.

- Partimos de una consideración de la naturaleza del ser humano como un ser racional, cuando ya sabemos por infinidad de estudios científicos contemporáneos que somos seres sintientes y nuestra naturaleza es más emocional que racional.

En resumen, tenemos las capacidades necesarias para interpretar la realidad, pero carecemos de las capacidades intelectuales y sensoriales necesarias para conocer la realidad de forma objetiva. El estado permanente del ser humano es el «no saber». Es necesario que explicitemos ese estado y que cada vez que hablemos sobre cualquier ámbito de conocimiento recordemos que hablamos desde la ignorancia, ya que conocemos una ínfima parte de casi todo.

Es conveniente que dejemos de argumentar «esto es cierto y aquello es falso» para pasar a comentar, «esto lo conocemos y aquello aún no»; por tanto, no podemos afirmar si es verdadero o falso. Los tres gestos adecuados ante la complejidad de la realidad, que ya practican las grandes mentes de las ciencias naturales y sociales, son el asombro, la humildad y un «no sé» como respuesta frecuente.

Los hechos parecen indicar que el rol principal de los seres humanos es experimentar la vida, no descifrar sus misterios. Dejarnos invadir por el asombro ante la complejidad y la interconexión entre todos los ámbitos de la VIDA.

Abrirnos a la sabiduría del no saber posibilita reinterpretar el papel del ser humano en su propia vida. Experimentar y aprender a vivirla con plenitud son metas más acordes a nuestras capacidades que mantenernos en el actual intento de descifrar todos los misterios del universo y dedicarnos como segunda ocupación a acumular abundancia material o reconocimiento social.

Ahora que ya hemos centrado el posible campo de juego, te invito a que centremos la atención en objetivos que, aunque intrincados, sí están al alcance. Mi primera propuesta es sumergirnos en las profundidades de nuestro cuerpo, conocerlo con más detalle, a la vez que descubrir algunos de los tesoros que desea ofrecernos. No sé a ti, pero a mí nadie me enseñó cómo habitar mi cuerpo físico. Veamos algunos pasos necesarios.

El cuerpo: vehículo físico y puerta de entrada a la consciencia

Más allá de cualquier consideración religiosa, encarnamos en un cuerpo que es el vehículo físico a través del cual experimentaremos la vida. Es nuestra herramienta de interacción con el mundo. A través de él lo percibimos, y gracias a él somos visibles e interactuamos socialmente.

Las ciencias médicas carecen de un mapa integral de su funcionamiento, tanto de órganos tan centrales como el cerebro, el corazón o los intestinos, e incluso de órganos menores como la próstata, que es la causa del tumor más frecuente en los varones, pero sigue siendo un agujero negro para la medicina. Como he comentado, desconocemos la naturaleza y la ubicación de la consciencia y del inconsciente. Este preámbulo permite ubicarnos con bastante exactitud en el nivel de ignorancia mayúscula que tienen las ciencias al respecto. A partir de aquí, vamos a intentar avanzar paso a paso, con la humildad del aprendiz que sabe que está sugiriendo o suponiendo, pues no existe conocimiento humano disponible para grandes certezas.

El cuerpo, al igual que la consciencia, ha tenido una consideración y un tratamiento muy diferentes en las creencias religiosas y tradiciones de conocimiento occidentales y orientales. En Occidente, y en particular en los credos derivados del cristianismo, el cuerpo ha sido considerado de forma primordial como fuente de pecado. Ya ni hablemos de los placeres corporales. Investigar y entregarse a ellos era asegurar el camino a la condena del fuego eterno o, por lo menos, a la cocción a baja temperatura.

Hasta hace pocas décadas, a los matrimonios de practicantes de la mayoría de estos credos no se les permitía ni contemplar el cuerpo desnudo de su pareja sin incurrir en alguno de los múltiples pecados del generoso catálogo disponible.

Para los creyentes católicos que deciden dedicarse profesionalmente a expandir su fe, una de las primeras normas es que deben donar su cuerpo a la castidad: algo que para cualquier otro mamífero sería un despropósito resulta dogma de fe para otros. En otras Iglesias de fe cristiana, los sacerdotes no están obligados a ser célibes y pueden casarse, como en el caso de ortodoxos, anglicanos y protestantes. Parece que para ellos el cuerpo es un ámbito problemático, pero no genera tantas alertas.

En tiempos de consolidación de la inteligencia artificial, la cuarta revolución industrial y los inicios de la exploración espacial cercana, todavía podemos ver en Europa o en Estados Unidos autobuses o vallas publicitarias que promulgan que el cuerpo de la mujer no es suyo y que hay otras gentes que tienen que entrar a decidir sobre qué puede hacer con él.

El cuerpo, en su vertiente sensual, está en omisión educativa. En muchos de los países del denominado primer mundo no existe educación sexual reglada. Los motivos parecen ser variados, pero creo que se reducen a dos.

Para algunos políticos no se debe hablar en público de la vertiente sexual del cuerpo; para otros, no merece la pena instruir en estos temas, porque su impacto mediático es negativo y no favorece electoralmente. Mientras, la industria del porno es la que se encarga de la educación sexual. Sobre el cuerpo se ha montado el negocio más antiguo de la humanidad y parece que unos cuantos miles de años de civilización no hayan sido suficientes para convencernos de la necesidad de legislarlo para proteger a la cantidad ingente de mujeres que son raptadas y esclavizadas en prostíbulos de medio planeta.

En septiembre del año 2023, el Parlamento Europeo aprobó un informe para promover la abolición de la prostitución y formular leyes que permitan penalizar a los clientes y a los que se lucran con ella. De momento, no es ley; cuando lo sea, no tendrá carácter vinculante debido a las posiciones encontradas que hay sobre este tema en algunos países. Es curioso que los Gobiernos conservadores y puritanos sean los menos partidarios de abolir la prostitución. No entiendo su argumentación; resulta que, donde más pecado son las relaciones carnales, mayor énfasis se pone en conservar la continuidad de las que son pagadas. Según Naciones Unidas, después de las drogas, la prostitución es el segundo negocio que mueve más dinero en el planeta, factura ciento ocho mil millones de dólares al año. Según el motor *online* MBA, el doce por ciento de los sitios web del planeta son pornográficos, es decir, veinticuatro millones de páginas web.

Y qué no decir de la industria sanitaria orquestada alrededor de cuidar la salud de nuestro cuerpo. Cerca de tres billones de euros al año en la Unión Europea. Cerca de noventa mil millones anuales en países como España; es decir, una cifra superior a un siete por ciento de su producto interior bruto. La tendencia de las últimas décadas en la Unión Europea es ir transitando hacia modelos privados y construir alrededor de la salud una actividad orientada al beneficio económico, algo que ya se ha conseguido en Estados Unidos.

El cuerpo, pues, no es asunto menor, ya que es sujeto troncal de credos religiosos, objeto de tráfico comercial y argumento político relevante, pero de forma paradójica está prácticamente fuera de los contenidos educativos.

Nadie me explicó los porqués de cuestiones tan básicas como la importancia de una buena postura corporal y todas sus consecuencias en cuanto a salud emocional y física. Nadie me enseñó a respirar lenta y profundamente para que mi cuerpo se oxigenara y relajara.

No me hablaron de la magia que se produce a cada instante dentro de nuestro cuerpo para que este me mantuviera vivo. Por supuesto, nadie me explicó que el cuerpo es la puerta de entrada a la consciencia. Ni me comentaron que tenía que entender y amar mi cuerpo por algún motivo diferente a mantenerlo en buen estado de salud para trabajar, poder sobrevivir o lucirlo como elemento de seducción.

Intentaré poner mi granito de arena para que tú sí tengas información y la puedas utilizar. En esencia y allende de consideraciones transcendentales o poéticas, los humanos somos seres de carne y hueso, dotados de consciencia, con capacidades cognitivas superiores a cualquier otro animal conocido.

De acuerdo con lo que confirma la neurociencia, esas capacidades cognitivas están distribuidas en todo el cuerpo y no únicamente en el cerebro, que con el tiempo parece ser en mayor medida un centro de ejecución de comandos originados en distintos órganos más que un centro de decisión autónomo. En multitud de ocasiones, nuestro cuerpo siente, procesa sin pensamiento y decide entre otras cosas si el cerebro debe hacer o no algo que complemente cada una de las decisiones que va tomando.

El actual estado de conocimiento de la ciencia occidental lleva a conclusiones similares a otras disciplinas orientales que desde hace más de dos milenios consideran el cuerpo como puerta de acceso a estados plenos de consciencia. Aquí podemos incluir el budismo, el tao chino y las tradiciones hindúes. Accedemos a cualquier experiencia física o transcendental, incluido el despertar espiritual a través de y con nuestro cuerpo.

La respiración consciente es la clave para habitar el cuerpo y la consciencia: vive consciente, vive en la inspiración

Lo primero que hacemos al nacer es inspirar, y lo último antes de morir es expirar. Esos dos actos tan primordiales de la vida están conectados con la respiración. Ambos son fruto de la sabiduría automática del cuerpo. No son actos conscientes. Participamos en ambos; ahora bien, el foco de nuestra atención está en otro lugar.

A diferencia de esa inspiración inaugural y esa expiración de clausura, la inspiración consciente te permite experimentar la totalidad. En gran parte gracias a que tu atención plena está en esa inspiración, y por ello, en ese instante, puro sentir, pura conexión con tu cuerpo.

Si entrenamos nuestra atención para estar conectados con la inspiración, esta se vuelve consciente. De esa forma, habremos elegido una de las opciones más poderosas para habitar nuestro cuerpo y nuestra consciencia. Lo que te propongo es tan sencillo y tan radical como que cada día, durante el máximo tiempo posible, concentres la atención en tu nariz y que estés pendiente de si diriges el aire que entra hacia el vientre o hacia la caja torácica, o hacia ambos.

Realizar o entrenar la respiración consciente es un acto exclusivo de los seres humanos, y quizá de algún otro primate superior. La respiración involuntaria la regula el tronco encefálico que, a través del nervio frénico, envía instrucciones al diafragma. En la respiración consciente, el control lo lleva la corteza cerebral y no el tronco encefálico.

Por lo que sabemos hasta hoy, el resto de los seres vivos tiene memoria y, por tanto, recuerdos, pero vive en el presente conectado con su cuerpo y con su respiración. Los pensamientos no ocupan un lugar central en su experiencia minuto a minuto de la vida. A diferencia de ellos y salvo excepciones, nosotros vivimos secuestrados por nuestra actividad mental. Una de sus consecuencias es que perdemos la conexión con nuestra respiración consciente, con nuestro cuerpo y casi con el resto de lo que está sucediendo fuera de la ilusión mental en la que vivimos, debido a la persistente interpretación de la realidad en la que transcurre nuestra vida cotidiana.

Cuando estamos en el vientre de nuestra madre o cuando somos bebés, respiramos, lloramos y reímos con el cuerpo entero. De adultos, nuestra persistente actividad mental vuelve rígida nuestra respiración, nuestros pulmones y nuestra emocionalidad. Entrenar y practicar la respiración consciente nos llevará de vuelta a esa experiencia de totalidad que, aunque perdida en nuestra memoria lejana, hemos experimentado todos y cada uno de nosotros.

Recuperar nuestra respiración original, la que compartimos con el resto de los seres vivos, permite reconectar con el ritmo de contracción y expansión armónicas que es la VIDA. En algo tan sencillo se oculta una de las llaves de acceso a la consciencia plena. Profundizaremos sobre esto en el cuarto espejismo. Para posibilitar una mejor comprensión, daré un par de pasos hacia atrás y recapitularé cómo se produce el proceso de respiración. Para ello necesitamos un breve detalle de las fases que lo componen y las funciones básicas que cumple.

Cada día realizamos una media de quince o veinte respiraciones por minuto, lo que significa entre veinte mil y veintitrés mil al día. Si vivimos ochenta años, habremos respirado mil millones de veces. La utilidad primordial de esas inspiraciones y expiraciones es realizar la renovación e intercambio de oxígeno y dióxido de carbono en la sangre capilar pulmonar.

¿De qué se compone el aire que respiramos?, ¿cuál es el ritmo óptimo de respiración?, ¿qué diferentes tipos de respiraciones existen?, ¿qué partes del cuerpo intervienen y cómo utilizarlas de forma adecuada?, y ¿qué repercusiones puede tener en nuestra salud una adecuada o inadecuada respiración?

La respuesta a la primera pregunta es menos sencilla de lo que parece. El aire que respiramos está compuesto en un 78 % de nitrógeno, un 21 % de oxígeno y un 1 % de otros gases, entre los que está el dióxido de carbono. El nitrógeno que inhalamos tiene como función central hacer asimilable y no tóxico el oxígeno que respiramos. Podemos decir que lo expulsamos en la misma cantidad que lo inhalamos.

Respecto a la cantidad óptima de respiraciones por minuto, muchos expertos coinciden que entre cuatro y seis es el número ideal. Por ejemplo, el doctor Donald Noble, profesor de Medicina en la Universidad de Emory (Estados Unidos) y experto en los efectos de la respiración profunda en la salud humana, recomienda la respiración diafragmática lenta y profunda que estimula el nervio vago y permite un *feedback* positivo entre pulmones, corazón y cerebro, que ocasiona un estado relajado pero concentrado.

Podemos dividir el sistema respiratorio en dos partes: la zona de conducción de aire (nariz, faringe, laringe, tráquea y bronquios) y la zona respiratoria, que está compuesta por los quinientos millones de alveolos que tenemos en nuestros pulmones y que tienen una superficie total de unos sesenta metros cuadrados. La respiración no sería posible sin la colaboración del diafragma y los músculos intercostales.

Respecto a cómo utilizar esas dos zonas del aparato respiratorio de manera adecuada, me limitaré a una sugerencia que tiene una importancia capital y es poco conocida: el correcto uso de la nariz. Comencemos por las aportaciones positivas para el cuerpo físico. Una respiración consciente por la nariz y su correspondiente expiración larga aporta una mejor oxigenación y como consecuencia dispondrás de una mayor energía en los músculos y una mejor eliminación de toxinas.

Regular el sistema nervioso parasimpático disminuirá la presión arterial porque reduce el ritmo cardiaco, la secreción de hormonas del estrés como el cortisol, a la vez que los músculos están más relajados. Las respiraciones profundas estimulan la columna vertebral, lo que mejora la postura de la espalda y el cuello, y ayuda a mantener la elasticidad de los pulmones, que con el paso del tiempo se puede reducir un treinta por ciento.

Christina Zelano, neuróloga y profesora en la Universidad de Northwestern, gracias a datos de electrodos colocados en el cerebro de pacientes epilépticos para controlar sus ataques, ha realizado hallazgos acerca de cómo la respiración lenta y profunda sincroniza las oscilaciones en el hipocampo y la amígdala, regiones implicadas en la emoción y la memoria. Esta sincronización disminuye cuando los pacientes respiran por la boca.

Te habrás dado cuenta de que las referencias son siempre a inspiraciones por la nariz. Se debe a que existen multitud de estudios que indican los perjuicios de inspirar por la boca. Veamos algunos de ellos. El mayor filtrado y purificación del aire que respiramos se hace a través de la nariz, al igual que su calentamiento antes de pasar a los pulmones. Inspirar por la boca puede ser causa de infecciones respiratorias, alergias, ronquera, asma, apnea, mal aliento, deformaciones maxilares y enfermedad pulmonar obstructiva crónica.

Según la doctora Nazareth Castellanos, un estudio de la Universidad de Stanford ha demostrado que la respiración nasal es la que tiene un mayor impacto en el cerebro, lo hace en el bulbo olfativo, mientras que la respiración bucal no impacta. De la misma forma, la respiración nasal activa el cerebro y afecta a la emoción, a la memoria y a la atención; la respiración bucal lo hace en mucho menor grado. Memorizamos mejor si respiramos por la nariz; en concreto, es cuando inspiramos cuando mejor memorizamos. Cuando respiramos con frecuencia por la boca, la respuesta emocional carece de diques de contención.

Además, tal y como argumenta el doctor Itamar Fiedländer, «al respirar por la nariz, los senos paranasales producen óxido nítrico, lo que facilita la circulación de oxígeno por todo el cuerpo, ayuda a que los pulmones lo absorban, relaja los músculos y permite que los vasos sanguíneos se dilaten. El óxido nítrico también tiene propiedades antifúngicas, antivirales, antiparasitarias y antibacterianas, que fortalecen el sistema inmunitario y evitan infecciones».

Emocionalmente, practicar una respiración consciente por la nariz te ayuda a tener más regulación de la respuesta emocional, pues permite reducir la conducta reactiva ante las situaciones complejas. Entraremos de nuevo en este tema al hablar del eje intestinos-corazón-cerebro. Podemos afirmar que respiramos de una u otra forma en consonancia con el tipo de emoción en la que estamos en cada momento, por lo que el camino inverso es posible.

De la misma forma que el corazón dispone de neuronas específicas que permiten que se establezca el ritmo cardiaco, en investigaciones en la década de 1980, el doctor Jack L. Feldman (profesor de la Universidad de California), y más tarde el doctor Mark Krasnow (catedrático de Bioquímica de la Facultad de Medicina de la Universidad de Stanford), se identificó neuronas en el tronco encefálico que conectan la respiración con cada uno de los estados de ánimo, tales como relajación, atención, excitación o ansiedad. Dicho a la inversa: cada tipo de respiración provoca la activación de una zona específica del cerebro y de un tipo de emoción. Esta conclusión muestra el poder restaurador de la respiración.

La mayoría realizamos respiraciones torácicas rápidas y utilizamos un treinta por ciento de la capacidad de nuestros pulmones. Hagamos una breve mención a los tres tipos de respiración usuales: abdominal, torácica y completa. La abdominal posibilita un número menor de inspiraciones y es la ideal para meditación y respiración consciente en general. La torácica permite realizar un mayor número de inspiraciones por minuto y es la adecuada cuando estamos realizando ejercicio o realizando una tarea que comporta esfuerzo físico. La completa integra las dos anteriores.

Yo no descubrí lo mal que respiraba hasta que, hace ya treinta años, inicié mi camino en la vía del zen, donde la meditación (zazen) es el eje. De hecho, en el silencio de esa práctica fui por primera vez consciente del sin parar de mis pensamientos y de la escasa presencia en mi cuerpo y en la realidad que existía más allá de mi interpretación mental.

Mientras escribo, le otorgo centralidad a la respiración. Mi objetivo es estar presente en ella, en mayor medida que en mis razonamientos o sensaciones. Pretendo que la respiración sea el escenario en el que aparezcan los sucesos de la vida y que, en ese espacio, que pulsa lento y suave, aparezca el encuadre y enfoque sobre lo que vaya aconteciendo.

Ahora mismo estoy escribiendo estas líneas mientras siento mi abdomen dilatarse cuando el aire lo llena, sube hacia mis costillas y acaricia sus laterales, produciendo esa sensación de plenitud que mi cuerpo necesita para confirmar que quiero que esté presente conmigo. Esa es la llamada que él requiere para saber que lo quiero habitar, y a partir de ahí ponerse a total disposición y que juntos podamos entrar de forma consciente en el flujo de la existencia.

Te invito a que detengas la lectura, te sientes cómodamente con la espalda recta e inicies una respiración abdominal lenta y profunda que dure lo que tardes en contar hasta cinco. Deja que el aire llegue también al lateral de tus costillas. Retén el aire contando hasta tres. Exhala lento todo el aire iniciando desde tus costillas hasta tu abdomen, cuenta hasta cinco. Quédate sin aire contando hasta tres. Realiza tres veces este tipo de respiración y luego siente cómo tu cuerpo agradece la visita, tu presencia en él. Algo tan sencillo y tan poderoso a la vez.

A partir de aquí ya puedes respirar sin contar, solo estando atento a los movimientos del abdomen y la caja torácica, que entran así en la danza de contracción y expansión en la que se mueve el universo de forma continua.

A excepción de cuando somos bebés, el resto de la mayor parte de la vida estamos ausentes de nuestro cuerpo. A pesar de vivir absorbidos por nuestros pensamientos, ni tan siquiera estamos en nuestro cerebro, ya que donde residimos es en nuestra mente, que la ciencia no sabe dónde ubicar físicamente.

Al ser engendrados, la vida se despliega y construye nuestro cuerpo, que es capaz de completarse en la penumbra del útero de nuestra madre, de respirar con ella y de habitarse con intensidad. Años o décadas después, ese cuerpo morirá, y en muchos casos habrá sido utilizado en piloto automático, sin nadie consciente a su volante. Habrá recibido algo de atención cuando hayamos estado enfermos o cuando hayamos precisado hacer cosas con él, en el mundo exterior a él.

El cuerpo es el vehículo del que disponemos para transitar esta vida. Sin él, nada sería posible. Sin embargo, no lo incorporamos como contenido esencial en nuestros textos educativos, salvo que decidamos estudiar Medicina, y, aun así, los libros y profesores hablarán casi exclusivamente de su componente de masa física, es decir, de su 0,0000001 % y no de su otro 99,9999999 % de materia que por las ciencias físicas contemporáneas ya sabemos que es vacío, energía y campos electromagnéticos.

Todos los seres humanos tenemos un cuerpo inmensamente bello, pero la mayoría de nosotros no lo sabemos apreciar, ya que solo nos fijamos en cómo es su exterior, y además, como para el resto de las convenciones sociales, fijamos patrones arbitrarios sobre cómo debe ser esa belleza para merecer ser admirada o criticada.

No os lo puedo decir, porque no lo he experimentado todavía y nadie que yo sepa lo ha podido contar, pero estoy convencido de que cuando el cuerpo realiza la última expiración antes de morir debe de sentir algo así como: «Qué pena que mi propietaria o propietario me haya situado en un lugar tan poco central de su vida; tenía tanto que entregar, compartir y experimentar juntos...».

La postura corporal es un mensaje para tu cerebro y tu entorno

Nos comunicamos de forma continua y a través de muchos medios. El lenguaje es uno de ellos, pero no el de mayor significación en muchas de nuestras interacciones personales o profesionales, y tampoco en la comunicación con nuestro cerebro. Vamos a entrar en detalle en esta afirmación que en un principio puede parecer paradójica.

En primer lugar, analicemos la comunicación con nuestro cerebro. Una palabra de ánimo pronunciada en un tono amigable será un regalo para nuestro cerebro. Ahora bien, él le da más importancia a las señales que le enviamos a través de nuestra postura corporal que a los discursos para autoconvencernos que estamos OK.

Antes se pensaba que el cerebro sabía cómo estaba nuestro cuerpo, ahora se sabe que nuestro cerebro interpreta cómo está a través de la postura corporal. Conoce nuestra postura porque el cuerpo le informa en continuo a través de una multitud de sensores que tenemos distribuidos en él y que permiten poner en funcionamiento nuestro sentido de la propiocepción. Esa información es para él más relevante para conocer nuestro estado emocional o corporal que lo que pensemos o le digamos al respecto.

Con relación a cuál sea nuestra postura, el cerebro activará una serie de respuestas que tienen básicamente la misión de protegernos y, por tanto, de ayudarnos a sobrevivir. Por ejemplo: cuanto mayor sea el bombeo de sangre por parte del corazón, más grande será el envío de oxígeno a los músculos, etcétera. Es un aprendizaje que le ha llevado cuatro millones de años y, por tanto, es prioritario al lenguaje.

Este es otro factor que hace visible la importancia de habitar nuestro cuerpo, de estar consciente en él y que no esté funcionando en piloto automático; ya que tendremos que contrarrestar acciones de nuestro cerebro que no eran necesarias porque la postura que teníamos respondía a un abandono postural y no a situaciones necesitadas de una reacción de apoyo.

Nuestra postura no solo influye en lo que otros piensan de nosotros, también influye en lo que pensamos de nosotros. Si fingimos adecuadamente, empezaremos a estar en coherencia con la comunicación no verbal que emitimos. Experimentos realizados por Amy Cuddy, profesora en Harvard y experta en comunicación no verbal, en los que hizo simular a sujetos posturas corporales dominantes o sumisas durante dos minutos, corroboraron que tales actitudes afectaban a sus niveles de testosterona (dominación, no reactividad) y cortisol (sumisión, reactividad). El parámetro de medida fue la toma de muestras de saliva antes y después del experimento.

Si es necesario, es importante que simulemos ser quien no somos y nos comportemos con confianza, tanto verbal como no verbalmente, hasta que consigamos construirnos esa seguridad por la reacción que provocamos en los demás. Si no lo simulamos, cerramos la posibilidad de cambiar y mejorar.

No se trata de engañar, sino de salir del bucle del negativo autoconcepto que tenemos en este momento. Por tanto, antes de entrar en cualquier reunión en la que sintamos presión por no estar a la altura, dediquemos dos minutos para poner posturas abiertas y adaptar la química de nuestro cuerpo a generar confianza en otros y en nosotros mismos.

Comportarnos así no solo cambiará lo que sucede en esos momentos concretos, sino que también desarrollará nuevas memorias que generarán expectativas diferentes sobre lo que puede suceder en situaciones similares en el futuro.

La neurocientífica Nazareth Castellanos asegura que mi estado de ánimo se refleja en mi postura; por otro lado, por sí misma, mi postura influye en mi cerebro. Una postura encogida afecta a nuestra atención y a nuestra memoria, disminuyéndolas. Incluso influirá en la visión negativa de lo que nos rodea, así como generará que los demás nos vean de diferente manera y nos interpreten también de forma diferente, ya que de manera inconsciente y automática los humanos hacemos una lectura de la postura del cuerpo de nuestros interlocutores.

Un aspecto que hemos de tener en cuenta sobre la postura es que, con casi total seguridad, salvo que la hayamos observado meticulosamente, tenemos una diferente a la que imaginamos. Así pues, es recomendable grabar entre cinco y diez de nuestras intervenciones públicas, con el objetivo de tener la postura óptima.

Habitar nuestro cuerpo nos llevará también a ser conscientes de nuestra postura corporal en cada momento, y podremos regularla para que sea correcta. Hay una serie de criterios básicos generales. Si estás de pie: columna vertebral y cabeza erguidas, el cuello en línea con los hombros, los hombros hacia atrás. Si estás sentado: las mismas indicaciones anteriores, así como no cruzar las piernas y tener los dos pies en contacto con el suelo.

Educación en el sentir, una vía hacia el autoconocimiento

El autoconocimiento suele estar asociado a la reflexión sobre sucesos acontecidos en nuestra vida o sobre nuestra traza emocional. Ambos están conectados con un repaso de recuerdos, de memorias mentales. De hecho, la mayoría de los procesos terapéuticos trabajan desde la palabra, desde donde conectan con la emoción o el cuerpo. Sin duda, las terapias basadas en la palabra pueden ser de gran utilidad, aunque no olvidemos que la memoria no es un archivo objetivo de los hechos acontecidos; muy al contrario, es una maquina inagotable de fabricación de fantasías ilustradas.

A diferencia de la mente, el cuerpo no engaña, porque en él quedan grabadas todas las emociones positivas y también las dolorosas, estas últimas en forma de bloqueos. Liberarlos no es una tarea sencilla, muy al contrario, necesita una disposición sin fisuras del solicitante y una preparación adecuada del o de la terapeuta.

Permíteme dar un paso atrás y ver las ventajas de una actuación preventiva que permita minimizar un número significativo de esos bloqueos. En mi opinión, la clave está en iniciar la educación respecto al sentir del cuerpo desde la infancia.

Apenas con unos pocos meses, ya recibimos estímulos de nuestros padres y del entorno para que aprendamos a hablar. Un tiempo después quieren que aprendamos a leer, a sumar o restar. En conclusión, desean que aprendamos a pensar. Sin duda, es un intento loable. Mi pregunta es: ¿por qué nadie se preocupa al mismo nivel en que aprendamos a sentir nuestro cuerpo?

Me refiero a algo tan sencillo como cerrar los ojos y sentir si nuestro cuerpo está tenso o relajado, si se siente vigoroso o cansado, si hay dolor o incomodidad en alguna parte. No olvidemos que, como hemos visto en el apartado anterior, los seres humanos también tenemos el sentido de la propiocepción, que pone a nuestra disposición miles de sensores que dan esta información a nuestro cuerpo de forma automática y no consciente, y hacen que la envíe de forma continua a nuestro cerebro para que actúe en consecuencia.

Incorporar la consciencia corporal como parte del currículo educativo puede implicar un gran beneficio para los niños y niñas, y también para el profesorado y los padres y madres. Los beneficios pueden ser exponenciales para toda la comunidad.

En la misma línea sugiero que el segundo nivel de enseñanza en consciencia corporal sea aprender a conectar con nuestro sentido de la interocepción, al que también me he referido en el apartado anterior. Sin duda, sentir nuestros órganos va a hacer mucho más deseable cuidarlos. A su vez, nos va a llevar a la curiosidad de conocer cómo funcionan, lo que nos conducirá al asombro, a la fascinación ante su compleja perfección y su fragilidad, a conocer qué les beneficia y que no, y, como consecuencia, a desear tratarlos bien, porque asumiremos que el cuerpo es nuestro vehículo para vivir la experiencia de ser una consciencia encarnada como humanos. A partir de aprender a sentir, podremos actuar sobre nuestro cuerpo con eficacia. En ese punto, entra de nuevo la educación desde la infancia en prácticas como la meditación, el yoga, el taichí y otras disciplinas, a las que volveré a hacer referencia en el cuarto espejismo, en concreto en el apartado «Consciencia y educación: la pedagogía del no saber».

El eje intestinos-corazón-cerebro

En ese eje están ubicados los tres cerebros del cuerpo humano. El que tenemos en el cráneo tiene ochenta y seis mil millones de neuronas. El de los intestinos, quinientos millones, y el del corazón, cuarenta mil neuronas. La idea que tenemos la mayoría es que el cerebro situado en el cráneo es el que rige el funcionamiento del resto de órganos del cuerpo. Ahora ya sabemos que no es así; conforme avanzan los estudios neurocientíficos, más nos aproximamos a la afirmación contraria, es decir, que las órdenes parten en mucha mayor medida desde los intestinos y el corazón hacia el cerebro, no al revés.

Un ejemplo, según una investigación del doctor Leo Galland publicada en el *Journal of Medicinal Food*, hay cuatrocientas veces más mensajes desde el intestino al cerebro que desde el cerebro al intestino.

La Universidad de París hizo un estudio sobre la electricidad que emana del cerebro y la que genera el intestino, y el resultado fue que la relación va del intestino al cerebro; es decir, el iniciador es el intestino y el cerebro parece ser el procesador o interpretador, pero no el iniciador; por tanto, no el protagonista. En mi particular opinión, es otra constatación de que en multitud de ocasiones el cerebro procesa, pero no decide. El corazón no se queda atrás y se puede afirmar que es el órgano con mayor influencia en el cerebro. Por ejemplo, ambos tienen que sincronizarse para procesar la información y que se den avances en aprendizaje o memoria.

La doctora Castellanos comenta que cada vez que el corazón emite un pulso, las neuronas de diferentes zonas del cerebro se paran a escucharlo. De hecho, cuanta mayor coherencia fisiológica de los diferentes órganos de nuestro cuerpo, mejor será nuestra salud. Cuando nos comunicamos con otra persona, nuestros corazones tienden a sincronizarse; si no lo hacen, la comunicación es más deficiente.

Estudios realizados de forma separada por la Universidad de París y por la doctora Lisa Feldman han permitido consolidar el modelo neuronal subjetivo que postula que percibimos la realidad tal como la sentimos y no tal como es. Para la doctora Feldman, vivimos en un realismo afectivo gestionado por nuestro estado de ánimo. Podemos aprender a utilizarlo como una herramienta que nos ayude a interaccionar mejor con el mundo. La clave es estar atentos a cuando nuestro organismo responde con contundencia a un estímulo exterior de cualquier tipo, desde una sensación física a un comentario en una conversación. La mejor herramienta es la respiración, que nos permite estar en contacto con nuestro cuerpo de forma consciente y regular el disparo emocional, ya que al respirar profundamente se produce un retraso en la respuesta y, por tanto, un tiempo de análisis para controlarla y valorar diferentes opciones.

En neurociencia, escuchar los tres cerebros antes de la toma de decisiones se denomina «integración cerebral múltiple» o «mBIT». Para hacer posible este tipo de escucha, los especialistas recomiendan que nos apoyemos en algún tipo de práctica meditativa en silencio que permita sentir nuestro cuerpo, más que escuchar nuestro pensamiento. Lyn Christian, *coach* certificada en el método mBit, recomienda escuchar el corazón, seguir a los intestinos y utilizar el cerebro para caminar por la incertidumbre. Para saber qué decisiones debes tomar en ese camino haz tres preguntas: la primera es qué quiere el corazón; la segunda pregunta es qué te dicen los intestinos, la tercera es qué te dice el cerebro. Según Lyn Christian, lo aconsejable es que integres las tres respuestas e intentar construir con ellos una solución.

Para hacer entendible este apartado voy a avanzar con cautela en la explicación de cada órgano y en sus interacciones por cada par de ellos. Comencemos por los intestinos, que tienen su propio sistema nervioso, denominado sistema entérico, localizado en el estómago y el tubo digestivo; toma sus propias decisiones sin consultar al cerebro y funciona de forma independiente al sistema nervioso autónomo, comunicándose con el sistema nervioso central a través de los sistemas simpático y parasimpático. El intestino y el cerebro se comunican a través del nervio vago y transforman información proveniente de la comida, procesada en los intestinos, en impulsos eléctricos que se convertirán en emociones generadas en el cerebro.

En el intestino habitan un setenta por ciento de nuestras células inmunes. Es el productor de un noventa por ciento de la serotonina de nuestro cuerpo, entre cuyas funciones está la de regular la digestión, la respiración o el flujo sanguíneo; además, tiene una gran influencia en la regulación de los estados de ánimo y el sueño, entre otros. Llegados a este punto, una pregunta lógica es: «¿Qué tipos de cuidados debemos tener con nuestro intestino, nuestro corazón y nuestro cerebro para habitar a través de ellos nuestro cuerpo físico?». La respuesta es posible, pero no sencilla, ya que es el resultado de la interacción de una multiplicidad de factores. A modo de resumen, los podríamos concentrar en:

Alimentación

Nuestro intestino necesita una dieta variada para mantener una población diversificada de microorganismos (microbiota). Si es económicamente posible, los alimentos que ingiramos deben tener certificación ecológica, lo que asegura ausencia de pesticidas, fertilizantes y otros químicos nada recomendables para que nuestro organismo los procese.

Al no tener contaminantes y no estar modificados genéticamente, los alimentos ecológicos ayudan a mantener un orden interno óptimo. El premio Nobel de Física Erwin Schrödinger priorizaba ese orden en los alimentos como su característica principal para mantener su máximo de energía útil y biodisponibilidad. Sería muy beneficioso abandonar el actual modelo de industrialización salvaje de la producción de alimentos y volver al camino que ya promovía Hipócrates hace dos mil quinientos años: «Que tus alimentos sean tu medicina», a diferencia de la práctica actual: «Que tus alimentos sean un almacén de químicos».

Toda esa química añadida a los alimentos no se va cuando los lavamos, permanece dentro de ellos, rompiendo sus capacidades de entregarnos todo el potencial nutricional y el sabor que esos mismos alimentos tenían hace apenas cien años. Los Gobiernos de los países con sanidad pública ya empiezan a ser conscientes de los elevados costes económicos que tiene una alimentación industrializada en exceso y en muchos casos nutricionalmente pobre y causa de obesidad, diabetes, etcétera.

Estilo de vida

Nuestro cerebro y nuestro corazón sufren con el modo de vida urbano de nuestros días, caracterizado por, entre otras cosas:

- Una vida sedentaria con poca actividad física. Además, una parte sustancial del poco ejercicio que hacemos se realiza en gimnasios, con la sola intención de aumentar masa muscular. Eso hace que nuestros tendones y nuestro cuerpo se vuelva rígido, en lugar de flexible.
- Un aire contaminado, que, según la Organización Mundial de la Salud, provoca anualmente cerca de siete millones de muertes prematuras.
- Un modelo económico que nos ha llevado a unas tasas muy elevadas de consumo de todo tipo de medicación para sobrevivir a la depresión, al estrés o a la ansiedad...

- Una degradación en la calidad de las relaciones familiares y sociales como consecuencia de la falta de tiempo disponible para sostenerlas. Son frecuentes las conductas violentas de padres a hijos; la novedad de estos tiempos es que esas conductas ya se dan con cierta reiteración en la dirección opuesta.
- Una falta de silencio exterior. Según la Organización Mundial de la Salud, el exceso de ruido es uno de los factores que provoca mayores alteraciones en la salud. Esta misma organización informa de que uno de cada cinco habitantes de la Unión Europea vive en un entorno con niveles de ruidos que exceden los decibelios que se consideran saludables.
- Una falta de silencio interior: vivimos con un exceso de actividad mental, así como con una carencia de tiempo y espacios para la práctica de la meditación y el silencio.

Todos estos factores son origen y causa de la desconexión con nuestro cuerpo físico y, como consecuencia, de nuestro cuerpo emocional. No creo ni necesario hacer una lista de los cambios recomendables para recuperar esa conexión; la mayoría somos conscientes de que tenemos que rediseñar nuestra vida cotidiana y sabemos cómo, pero hacerlo implica cambios y renuncias. Para hacer posible esas renuncias quizá sea cuestión de esperar a que la fuerza del deseo de cambio sea mayor que la inercia actual.

¿Cómo mantener saludable tu cuerpo? Medicina alopática y otras medicinas

No soy médico alopático, ni estoy formado en otra disciplina relacionada con el cuidado de la salud; por tanto, este apartado contendrá solo una reflexión y una pregunta.

Una de las muchas ventajas del conocimiento es que, cuando lo incorporas, ya no puedes prescindir de él si te resulta molesto porque implique tener que cambiar comportamientos o creencias. Yo no me puedo inhibir del lugar en el que ya están nuestras ciencias físicas y, por tanto, no puedo evitar ser consciente de que los humanos, al igual que el resto de la materia física del universo, somos en una abrumadora mayoría vacío, energía y campos electromagnéticos. Respecto a estos tres componentes, la medicina alopática no solo tiene escasos conocimientos, sino que los ignora en sus diferentes terapéuticas, ya que todavía no dispone de instrumentos que puedan medir el impacto positivo o negativo de terapias alternativas a las terapias mecánicas, quirúrgicas o farmacológicas que ella práctica y con las que puede atender únicamente al 0,0000001 % de la materia de nuestro cuerpo.

¿No deberían los responsables científicos del Ministerio de Sanidad destinar una cantidad significativa de fondos a la regulación e investigación de otro tipo de terapias diferentes a las alopáticas, para que se pueda tratar de forma adecuada el 99,9999999 % de la materia de nuestro cuerpo, algo de lo que los métodos y remedios de la medicina alopática no se puede encargar?

El agua que bebes y usas para cocinar: en ella se construye tu cuerpo

Por evidente que parezca la importancia del agua para nuestro cuerpo, es uno de los requerimientos de la salud peor atendidos. El agua es nuestro principal alimento. Cada año se publican miles de libros sobre nutrición escritos por especialistas en la materia. Y desconozco la cifra exacta, pero quizás cada año se redacten menos de diez en todo el mundo que estén dedicados en exclusiva a explicar qué es el agua y cómo afecta a nuestra salud.

Por curiosidad, acabo de entrar en Amazon: solo he localizado uno en castellano escrito en 2023 centrado en el agua. La trata como un recurso y no entra a explicar con detalle su naturaleza, más allá de lo conocido por la química orgánica.

No entraré en detalle en la explicación del elemento primordial para la vida, como hice en *La sabiduría del no saber*, pero sí repasaré algunos aspectos relevantes. Como idea de partida está el hecho de que en ella se producen todas las reacciones químicas necesarias para mantenernos vivos. Muchos pensamos que el agua es un elemento fundamental pero sencillo, ya que es simplemente la suma de muchas moléculas formadas por dos átomos de hidrógeno y uno de oxígeno. La realidad es bien distinta. El agua es el elemento más complejo que existe en este planeta. Nuestra ciencia química conoce su formulación H_2O, cómo filtrarla para que sea bebible y cómo eliminar sustancias para que sea útil a procesos industriales que la necesitan ausente de minerales de cualquier tipo. Poco más conocemos del agua.

Es decir: sabemos que sin agua no hay vida, pero desconocemos cómo el agua gestiona la información sutil que sostiene la vida. *De facto*, la ciencia química explica el agua como un elemento puramente físico-químico y expulsa de los circuitos académicos a cualquiera que se atreva a hablar de la posibilidad del agua como almacenador de información inmaterial, como fue recientemente el caso del premio Nobel Luc Montagnier, que se atrevió a enunciar la posibilidad de que el agua tenga memoria. Un siglo después de que las ciencias físicas descubrieran que solo el 0,0000001 % de la materia es masa, seguimos tratando al agua como si el cien por cien de la materia fuera masa.

En general provoca mucha inquietud decir: «No sé. En realidad, de este tema solo sé cuatro detalles». La realidad física es insondable y se rige por el caos. Al igual lo hace el elemento que es capaz de sostener la vida. Mi aportación respecto del agua es despertar tu interés y darte unas pocas recomendaciones que pueden ser de utilidad en la elección del agua que utilices para beber y cocinar.

Hablemos del aspecto físico-químico del agua. La tarea técnica de las compañías potabilizadoras es depurarla según los requerimientos marcados por la legislación. Ahora bien, si queremos afinar en ingerir un agua no solo potable, sino de alta calidad, entonces conviene añadir alguna otra tecnología complementaria. Esto es comparable con el resto de los alimentos.

En los supermercados encontramos alimentos que han cumplido los requisitos legales del Ministerio de Sanidad y Consumo; aun así, un gran número de alimentos están muy procesados, contienen gran cantidad de azúcares o de grasas saturadas, y si queremos afinar vamos a un supermercado ecológico. Es recomendable proceder con el agua de la misma manera.

El agua que tenemos en nuestro cuerpo, fuera y dentro de cada una de sus células, se renueva de forma continua. Su calidad repercutirá en la de la sangre, que es en un ochenta por ciento agua, o de tantos otros procesos corporales para los que el agua es el componente fundamental.

Como ya comenté, en la actualidad, la ciencia no explica la realidad física como un mecano sujeto exclusivamente a las leyes de la física clásica que formuló Newton en el siglo XVII. Los científicos contemporáneos saben que la realidad física es en su absoluta mayoría inmaterial, intangible (vacío, energía y campos electromagnéticos) y está regida por el caos.

En este escenario y bajo tales premisas, si quieres armonizar la energía de tu cuerpo físico, necesitarás iniciar la tarea con tu agua. Es su componente mayoritario, el más complejo y sutil, por ello el que con mayor facilidad será capaz de volver a sus características físico-químicas y orden interno originales. Para conseguirlo, te recomiendo que, además de utilizar como materia prima el agua potable del grifo, añadas dos tipos de tecnología.

La primera conseguirá que el agua que bebas y con la que cocines tenga una adecuada filtración, que acerque sus propiedades físico-químicas a la pureza de un agua de manantial. Te sugiero un equipo de ósmosis inversa. El criterio central de calidad para seleccionar cuál comprar es que sea un equipo de flujo directo y con autolimpieza a contracorriente de la membrana. Hay multitud de marcas con rendimientos eficientes.

La segunda tecnología cuidará del orden interno y de la calidad energética del agua. En la naturaleza: lluvia, manantiales, ríos u océanos, el agua se mueve en vórtice, cosa que permite que los minerales y resto de los sólidos se mantengan disueltos de forma idónea. Por otro lado, desde la lluvia y entrada del agua al subsuelo hasta el proceso de afloramiento en un manantial y su posterior recorrido en la superficie, el agua acumula una carga energética. El almacenamiento y la retención del agua en pantanos, su posterior bombeo y conducción por tuberías rectas con innumerables codos, ha hecho posible que tengamos agua en nuestras casas, pero ha imposibilitado que mantenga el movimiento de giro y la carga energética original. En el mercado existe una gran variedad de equipos y recipientes que permiten que el agua las recupere.

Los equipos dinamizadores de mayor calidad lo posibilitan porque en su interior el agua se mueve en vórtice y recibe frecuencias que la cargan energéticamente. Por otro lado, las botellas o jarras dinamizadoras tienen una acción más específica que se concreta en facilitar el movimiento de giro, y con ello devolverle al agua su orden interno. Los criterios de calidad para elegir esta segunda tecnología serán dos: el primero, la calidad de los materiales con los que esté construida su carcasa y sus componentes; el segundo, su geometría: forma y proporciones.

Somos seres líquidos, ya que ese es el elemento que de forma mayoritaria compone nuestro cuerpo. Si queremos cuidarlo, el agua es lo primero que hay que tener en cuenta.

Claves que te aportará el antídoto al segundo espejismo

Integrar en tu vida cotidiana lo expuesto en este segundo antídoto te aportará las siguientes claves:

- Descubrirás la limitada información que pueden facilitar los sentidos y la errónea concepción que tendrás de la realidad si te ciñes a creer que es tan simple y poco interconectada como estos muestran.

- Constatarás que la ciencia actual reconoce desconocer el noventa y seis por ciento de la realidad física, del cuatro por ciento que conoce, que es la materia, conoce su naturaleza, pero no su origen. De hecho, desconoce hasta si existe un único universo o si, como afirmaba Stephen Hawking, hay una multiplicidad de universos coexistiendo en paralelo.

- Aprenderás que el universo es de una complejidad insondable, que escapa y escapará a la mente racional, incapaz de descifrar el caos sensible en el que se desarrolla la VIDA.

Tenemos las capacidades necesarias para interpretar la VIDA, pero no para conocerla de forma objetiva o completa con un método tan constreñido como el empírico, desarrollado para trabajar con la materia macro (mayor que el átomo), pero incapaz de descifrar los misterios de la realidad micro de la que está compuesta la casi totalidad de la materia del universo.

- Integrarás que el actual estado de conocimiento de la ciencia occidental lleva a conclusiones similares a las de disciplinas orientales que, desde hace dos milenios, consideran el cuerpo como puerta de acceso a estados de consciencia plena: budismo, tao y las tradiciones hindúes. Accedemos a cualquier experiencia física o transcendental, incluido el despertar espiritual a través del cuerpo y con él.

- Descubrirás que, si entrenas la atención en la inspiración, esta se vuelve consciente. De esa forma, habrás elegido una de las opciones poderosas para habitar el cuerpo y la consciencia. Por otro lado, cada tipo de respiración provoca la activación de una zona específica del cerebro y de un tipo de emoción.

- Aprenderás un tipo específico de respiración consciente que permitirá que habites tu cuerpo. Un método sencillo que podrás practicar en la vida cotidiana, en cualquier situación.

- Descubrirás que la postura corporal no solo influye en lo que otros piensan de ti, también influye en lo que piensas tú. Por otro lado, la postura influye al cerebro. Este conoce la postura porque el cuerpo le informa en continuo a través de una multitud de sensores que tenemos distribuidos en él y que permiten poner en funcionamiento nuestro sentido de la propiocepción. Tal información es para él más relevante para conocer tu estado emocional que lo que pienses al respecto. En función de cuál sea la postura, el cerebro activará una serie de respuestas que tienen el objetivo de proteger y, por tanto, de ayudarte a sobrevivir.

- Asumirás la importancia de la educación en consciencia corporal, ya desde la infancia; de aprender a sentir el cuerpo como vía de autoconocimiento que nos ayuda a reducir sus bloqueos, a gestionar mejor nuestro balance emocional, físico y energético.

- Conocerás detalles sobre el eje intestinos-corazón-cerebro. En él están ubicados los tres cerebros del cuerpo humano. El que tenemos en el cráneo tiene ochenta y seis mil millones de neuronas. El de los intestinos quinientos millones y el del corazón cuarenta mil neuronas. La imagen que tenemos la mayoría es que el cerebro situado en el cráneo es el que rige el funcionamiento del resto de los órganos del cuerpo. Ahora ya sabemos que no es así; es decir, que las órdenes parten en mucha mayor medida desde los intestinos y el corazón hacia el cerebro y no al revés.

- Recibirás recomendaciones concretas sobre qué tipos de cuidados deberás tener con intestino, corazón y cerebro.

- Aprenderás la importancia del agua para el mantenimiento de una buena salud y de su importancia tanto sutil o físicamente. Así mismo, recibirás criterios para seleccionar las dos tecnologías complementarias recomendables para que dispongas de un agua de máxima calidad con la que cocinar y beber.

3. Tercer espejismo: creer que soy el escultor autónomo de mi destino personal

La concepción del ser humano como un individuo social por necesidad, pero individual y competitivo por naturaleza, capaz de construir su destino, se consolidó en los siglos XIX y XX. El darwinismo social llevó esa idea a su máxima expresión. El naturalista Herbert Spencer y el antropólogo Francis Galton fueron sus dos máximos exponentes teóricos.

La idea del hombre o mujer «hechos a sí mismos» está plenamente vigente en la mayoría de los discursos educativos, en las proclamas de los medios de comunicación o de muchos «gurús» del desarrollo personal.

Esta argumentación también está en el discurso ideológico neoliberal. La defienden tanto quienes al disponer de mayores medios económicos tienen un mayor número de oportunidades para triunfar o para recuperarse de un fracaso como quienes han triunfado sin tener esos medios y compran un discurso que engrandece tanto su ego que los ciega, cosa que les impide ver con neutralidad la realidad social que los rodea y la existencia de una flagrante desigualdad de oportunidades, cuando no de una barrera infranqueable para todas aquellas personas que carecen de dones extraordinarios que les permitan saltarla.

Creer que somos los únicos escultores de nuestro destino es el tercer espejismo, si la clasificación tiene que ver con el momento cronológico en el que esta fantasía aparece en nuestra vida, pero es el veneno que tiene un mayor potencial de destrucción individual y social. En lo individual porque empobrece nuestra experiencia vital al empequeñecer nuestra percepción de nosotros mismos como individuos separados del resto, lo que impide percibirnos como el universo interconectado que en realidad somos.

Aceptar esa visión es renunciar a nuestra grandeza como miembros indivisibles de un todo que nos crea y da sentido, para constreñirnos a los limitados potenciales de un yo personal separado del resto, producto de las inercias y los miedos que inundan el modelo social y educativo en el que se construye el espejismo de una existencia como individuos aislados y supuestamente capaces de proyectar nuestra vida a partir de los deseos de una mente que, fuera de lo que ya conoce nuestra ciencia, calificamos como racional y consciente.

Socialmente, contribuye a la construcción de un modelo individualista y competitivo. Como analicé en *La sabiduría del no saber*, fue la colaboración y no la competencia lo que permitió que el *Homo sapiens* sobreviviera y no lo hicieran

do está en deuda con ellos, que se merecen más de lo que tienen y que quienes los rodean tienen muchos defectos por pulir y muchas conductas por modificar para que ellos les den su aprobación.

A diferencia, el grupo de los agradecidos da gracias de forma recurrente. Dentro de este grupo podríamos hacer una subdivisión: los que están agradecidos por los bienes o el bienestar con los que les ha provisto la vida y aquellos otros agradecidos por el simple y sencillo hecho de existir, de haber encarnado como ser humano. En mi opinión, este segundo subgrupo es el que convendría elegir como modelo.

¿De dónde nace el sentimiento de estar agradecido o de necesitar reclamar en continuo? Nace, entre otros, de la presencia o inexistencia de un sentimiento previo de carencia y del nivel de expectativas que hayamos elaborado ante un suceso o ante nuestra vida en general. La pobre educación emocional que recibimos la mayoría se forja sobre la carencia, sobre creer que lo que nos ha correspondido en el azar de la existencia es insuficiente y lo que falta es significativo para que podamos alcanzar la felicidad, que, por cierto, es un término con interpretaciones dispares y peregrinas.

Ni te digo nada si a eso le sumamos creer alguna de las fábulas autocastigadoras de cualquiera de las religiones de un solo libro, que, según les parece, juegan a despistarnos diciendo a veces que estamos hechos a imagen y semejanza de quien creó todo lo que existe y en otros momentos explican que somos carne de pecado y fácil perdición. Con esos fundamentos es muy difícil estar agradecidos por el simple hecho de SER. Lo más probable es que estemos corriendo como pollo sin cabeza, buscando la salida del corral y cobijo en cualquier otro lugar y condición mejor que la actual de estar encarnados en un humano, del que no parece haber opinión unánime de si es un privilegio o una extraña prueba de resistencia.

El despiste está anclado con tal profundidad que personas que, de buena fe, creen estar en una búsqueda espiritual desean con fervor vivir ya en la quinta dimensión o donde sea, pero lejos de la tercera dimensión, en la que sienten que están a merced de la VIDA, y eso sorprendentemente les parece una aventura insuficiente.

Yo estoy agradecido por SER, sin más. Tengo multitud de razones antes de la primera que tenga que ver conmigo, aunque, como consecuencia de que estoy encarnado en un cuerpo, todo lo vivo desde ahí y parece que todo tiene que ver conmigo, cuando no es así; en realidad, tiene que ver con lo que la VIDA trae a cada uno de los instantes de mi existencia, para que lo experimente y el juego continúe.

Una de las muchas razones por las que estoy agradecido es porque la vida es generosa conmigo y me permite disfrutar de la amistad de personas que han tenido un despertar espiritual a la realidad última; todos ellos comparten un agradecimiento sin límite por SER, y son para mí un faro en eso y en muchas otras perspectivas desde las que entregarme al gozo de vivir como humano, todo incluido.

Te invito formalmente a entregarte a esa experiencia, a que le digas «SÍ A LA VIDA» como hacen ellos y tantas personas que han abierto las manos para que, como dice el proverbio zen, puedan pasar por ellas todos los tesoros del universo, y no solo los poquitos que pueden imaginar el pensamiento o los miedos.

Más allá de retos y expectativas

Los datos parecen indicar que, a cada uno de nosotros, la VIDA nos coloca dentro de un guion, con unas perspectivas de la existencia y no otras. En mi opinión, hay una estrategia exitosa, si te dejas llevar y fluyes con tu guion, aceptándolo. La plenitud vital es un regalo seguro. No importa lo aparentemente duro o afortunado de tus opciones a los ojos de otros.

Ahora bien, si no aceptas y te pones a discutir con la VIDA, la plenitud se alejará de ti a la misma velocidad que los regalos que incluyen tus potenciales y que quieres cambiar. Desde pequeños nos instruyen erróneamente a luchar contra los acontecimientos que creemos no favorables, porque contradicen alguna expectativa previa o alguna estadística. Un ejemplo son las enfermedades. Cuando alguien tiene un cáncer, es frecuente oír que Fulanito o Fulanita está luchando contra su enfermedad, como si no pudiera ser otra cosa que una maldición, porque hay muchas posibilidades de que acabe con su vida.

Desde esa perspectiva, todo en la vida se convierte en una lucha, y el resultado no puede ser otro que morir en una guerra que nunca podremos ganar. Y es que solo tenemos permiso para permanecer aquí temporalmente, y ya de entrada desconocemos la fecha o el motivo de caducidad. Se entiende el interés en sobrevivir a una enfermedad. El núcleo de la cuestión no está aquí, ni tampoco en que tener buena salud nos tenga que provocar una alegría desbordante. De hecho, la mayoría nos acordamos de la buena salud casi únicamente al enfermar y no el resto de los días, en los que parece que la inmortalidad y nosotros hayamos firmado un pacto silencioso.

Lo importante es lo que hacemos con la enfermedad inesperada que nos visita y qué hacemos con todos los días en que la buena salud nos acompaña. En ambos tenemos las mismas oportunidades de aprender y de disfrutar experiencias, que en cada caso son singulares.

La plenitud vital está vinculada a una mirada amplia que incluye respetar todo aquello que trae la VIDA para nosotros. A partir de esa actitud, tenemos que buscar la mejor opción posible para aprender de esa experiencia e integrarla en nuestra cotidianidad.

Hay muchas personas a las que le duele la vida, porque se plantea como una colección de retos y expectativas, de pequeñas batallas para conseguir metas que, en muchas ocasiones, no recordamos ni quién nos convenció de que eran importantes.

El discurso social está repleto de mensajes que nos intentan convencer sobre las bondades de perseguir el éxito, el reconocimiento social y la abundancia económica. Los triunfadores de ese credo coleccionan millones de seguidores en las redes sociales y regalan sus hermosas sonrisas en sus incontables publicaciones. Es el alegato de la euforia como alternativa a la plenitud vital. Sin duda, resulta una opción válida para quienes prefieran la montaña rusa de vivir en la alegría o en la tristeza en función de lo que pasa y reconoce su exterior.

Ahora bien, si te interesa encontrar sentido a tus acciones y te fijas detenidamente en esos héroes del brillo, verás mucha tristeza en sus hermosos ojos y destellantes sonrisas. También son humanos, y, por tanto, son universo. Por eso el juego de las formas les puede proporcionar euforia, pero no es suficiente para que puedan alcanzar la plenitud vital.

Parece que la mejor opción es que la VIDA te trate con dulzura, pero solo lo parece, porque al final lo importante no es lo que pase en tu vida, sino lo que hagas con ello. Si vives imbuido en la fantasía de que tú eres el constructor autónomo de tu destino, va a ser muy difícil que llegues a integrar esa actitud. Es probable que plantees tu existencia como si fuera una batalla contra dificultades externas, en lugar de una experiencia que vivir desde dentro de ti y que vas a abordar con la misma humildad y asombro que sentimos cuando miramos al cielo estrellado cualquier noche de cualquier día; cuando lo hacemos el suficiente tiempo como para tomar su medida y la nuestra.

Nuestra vida particular no es una lucha, no tenemos nada significativo que conseguir aquí; ahora bien, si nuestro cuerpo emocional no está distraído en la búsqueda de euforia, hay muchas posibilidades de que podamos navegar de forma armoniosa con las variantes del juego que nos presente la VIDA y aprendamos de ellas cómo ser capaces de fundirnos y disolver nuestro personaje en su sofisticación y misterio.

Amar sin esperar retorno

Carecería de sentido hablar de cómo habitar el cuerpo emocional y que no dedicáramos un espacio específico a hablar del amor, un término que tiene infinidad de interpretaciones diferentes e incluso contradictorias. Ha sido el argumento central para algunos de los grandes logros de la humanidad y también para algunos de los acontecimientos más vergonzosos de nuestra historia. ¿Qué es el amor? Un concepto que parece de uso diario. Sin embargo, debido a que en realidad no es así, la humanidad está cerca del colapso emocional.

A continuación, veremos una muestra de lo que explican sobre el amor los contenidos educativos o los medios de comunicación; los inicios no son prometedores, ya que no hay un acuerdo ni sobre el origen etimológico de la palabra «amor»: para algunos, su significado en latín está ligado a la separación de dos palabras: *a* (que significa «sin») y *mors* (que alude a la muerte); por tanto, el sentido global sería algo así como «vivir con amor es vivir sin muerte». Para otros especialistas, la palabra «amor» proviene del latín *amma* y hace referencia a la madre. Creo que en este caso es de poca utilidad indagar más en su vago sentido etimológico.

Veamos ahora qué dice el diccionario de la Real Academia Española sobre el amor: «Sentimiento intenso del ser humano que, partiendo de su propia insuficiencia, necesita y busca el encuentro y unión con otro ser». Tampoco es una definición de altos vuelos. Parece más una oda a la carencia que a la entrega desinteresada y libre de provecho. Una definición más cercana a las letras de los boleros que a las proclamas de un amor incondicional de gran calado.

Se han hecho muchas clasificaciones sobre los diferentes tipos de amor. Por mi parte, me ceñiré a destacar la que hizo el doctor Robert J. Sternberg, profesor de Psicología de la Universidad de Yale, que puso el énfasis en sus tres componentes centrales.

El primero es la intimidad, que se caracteriza por la existencia de un sentimiento de cercanía entre los amantes, que los lleva a compartir sus ideas y emociones íntimas. El segundo componente es la pasión, que podríamos definir como la activación del deseo de mantener una relación sexual. El tercer y último es el compromiso, entendido como la decisión de mantener en el tiempo la relación. Jugando con las combinaciones posibles de presencia o carencia de estos tres componentes, Sternberg realiza la siguiente clasificación de siete tipos de amor:

1. Encaprichamiento: la pasión es el único componente.
2. Amor vacío: solo hay compromiso. Los matrimonios de conveniencia son un ejemplo de este tipo de amor.

3. Amistad: únicamente hay intimidad.
4. Amor de compañeros: intimidad y compromiso.
5. Amor romántico: intimidad y pasión.
6. Amor ilusorio: están presentes la pasión y el compromiso, pero este último carece de fundamento, ya que la pareja apenas se conoce.
7. Amor completo: están presentes la intimidad, la pasión y el compromiso.

Un amor que podamos situar en línea con la plenitud vital, de la que hablamos en el apartado anterior, podría ser el que se da en relaciones que se ajusten a los tipos 4 y 7, siempre que cualquiera de estos dos excluyera el apego o intento de posesión del otro.

Al igual que la plenitud vital, la calidad del amor que damos y recibimos podrá ser mayor en nuestra vida en la medida que diluyamos el peso de nuestra individualidad en las interacciones con el resto de los seres vivos y con nuestro entorno.

El amor que se da desde fuera de tu individualidad no se colecciona; se entrega, se siembra sin expectativas de recoger la misma o mayor cantidad. El amor no es un negocio y no tiene sentido que exista en nuestra mente de forma diferente a como lo ponemos en práctica en la vida cotidiana.

Al igual que la plenitud vital, el amor es una actitud ante la interacción con la VIDA. Carece de estrategias porque no busca conseguir nada concreto como contrapartida. Es una práctica condenada al éxito, porque, al carecer de búsqueda de provecho, nunca ocasiona decepción o fracaso. Es lo que es en cada momento.

Soy consciente de que esta definición no coincide con los mensajes sobre el amor de las reales academias de la lengua o de gran parte de la literatura romántica o de las grandes baladas, llenas de desamor. Eso se debe, por supuesto, a la falta de un amor inicial que pudiéramos calificar como tal.

Sé que el listón es alto, pero es que no hay otra vía si queremos habitar con plenitud nuestro cuerpo emocional y que este nos ayude a disolver el espejismo de ser un individuo separado.

Hemos visto que una vía poderosa para habitar el cuerpo físico es vivir en la inspiración, estando presentes en nuestro cuerpo, cuando se llena de aire y cuando lo entrega lenta y profundamente, sin retener nada.

De igual manera, actuaremos para habitar nuestro cuerpo emocional, dejando entrar en nosotros todo el amor que seamos capaces de sostener, para luego entregarlo lenta y profundamente, sin retener nada.

De ninguna otra manera es posible respirar mayor cantidad de aire y compartir mayor cantidad de amor.

Entregarte a la VIDA

Filósofos como Platón, Descartes o Kant eran contrarios a la teoría del ser humano como una hoja en blanco y defendían el postulado de que nacemos con un repertorio de ideas o de juicio innatas. Los recientes estudios empíricos se decantan en esta línea. Entre muchos otros, es el caso de los realizados por el doctor Steven Pinker, profesor en las universidades de Stanford y Harvard, e investigador del Instituto Tecnológico de Massachusetts (MIT), que concluye que nuestro cerebro ya viene programado en el nacimiento con muchas variables de nuestro carácter y nuestros talentos.

Para Pinker, la resistencia a aceptar que no somos una hoja en blanco viene determinada por tres miedos. El primero es el miedo a la desigualdad; a tener que aceptar que todos no somos iguales en origen y que unos nacen con más potenciales que otros. El segundo temor es tener que renunciar al axioma de que con la adecuada educación cualquier humano puede perfeccionarse en igualdad con otro y que, por tanto, no existen tendencias innatas que la educación no pueda cambiar. El tercer y último miedo es tener que aceptar el peso del determinismo en nuestra vida.

La doctora Krysty van Marle, investigadora de la Universidad de Misuri, demostró que, a los seis meses, los bebés ya tienen habilidades matemáticas rudimentarias. La doctora Rebecca Saxe, investigadora del MIT, gracias a sus trabajos con imágenes del cerebro, ha podido concluir que los bebés tienen capacidad para identificar rostros y sonidos. Sus cerebros ya vienen capacitados para ello. Para no hacerme pesado, no me extenderé con referencias a otros estudios. Sería agotador e interminable, además de innecesario, ya que solo haría que confirmar y reconfirmar que no somos hojas en blanco al nacer.

Como el resto de los seres vivos de este planeta, cada uno de nosotros venimos con una preconfiguración aleatoria, que por citar alguna va desde el temperamento a la presencia o ausencia de ciertos dones. No hay que darle mayor importancia, pero no es cierto ni operativo afirmar tesis como la de la hoja en blanco, que van hasta contra el sentido común.

Las teorías acerca de la capacidad del ser humano de ser dueño de su destino se alejan de las ideas de científicos contemporáneos, porque la neurociencia ha llevado a cabo estudios empíricos. Los resultados son contundentes, multitud demuestran que no existe y ninguno prueba que exista. Es decir, que la discusión de si somos o no dueños de nuestro destino queda como conversación de café; sostenida en creencias, pero no en estudios empíricos contrastados. La conducta está condicionada por muchos más factores que nuestra voluntad.

La realidad individual, al igual que la física, es de una complejidad insondable. Los humanos, con la intención de aplacar la angustia ante la incertidumbre, elaboramos teorías simplistas que puedan explicar ambas de forma entendible para nuestra lógica racional, pero la VIDA va mucho más allá de las capacidades lógicas. Ya existía antes de ellas y sin su permiso.

Demos un pequeño paso atrás y veamos el significado etimológico de la palabra «persona» en la cultura occidental, así como las posteriores transformaciones que le han dado un gran número de pensadores, hasta llegar al constructo conceptual actual, que es pilar del ordenamiento social y jurídico. Es esto lo que nos ha llevado a la fantasía sobre el individuo que hemos construido.

«Persona» viene del griego *prósōpon* y del latín *persōna*. El significado de ambos términos es «máscara», en referencia a la máscara que se colocaban los actores durante las funciones teatrales. Cada uno de sus diferentes tipos representaban un carácter definido previamente por el autor de la obra. Sobre esta primera definición se fueron añadiendo cualidades a este término. Para san Agustín, el concepto ya incorpora «un alguien con algo propio de sí mismo». Santo Tomás de Aquino y otros como Boecio ya incorporan los añadidos de «substancia propia del ser».

Un milenio después, Leibniz da un paso al frente y plantea que para que «ser persona tenga sentido» debemos dotarla de las características de ser substancia propia y causal. En esta misma línea, Kant dota de responsabilidad ética a su conducta. Desde esta perspectiva, se consolida la definición de persona como una substancia individual de naturaleza racional y responsabilidad social.

A partir de estas elucubraciones se ha montado el sistema legal, basado en otorgarnos responsabilidad sobre nuestros actos, que se presuponen libres y racionales. En realidad, desmontar todo este marco conceptual no requería la aportación de la neurociencia, basta con estudiar de forma neutral y pausada la historia de la humanidad, tanto antigua como actual, para ver que la racionalidad está en modo ausencia.

Por otro lado, es suficiente con conocer el origen social de la mayoría de los presos que pueblan las cárceles de todo el mundo y de quiénes están en los consejos de administración de las grandes corporaciones para constatar que el relato de la persona construida a sí misma, independientemente de su procedencia, es una realidad reservada a quienes tienen capacidades excepcionales y no al resto con capacidades estándar.

Para el doctor Anil Seth, reconocido neurocientífico, el libre albedrío es otra más de las experiencias ligadas a la ilusión de creer tener una entidad propia y separada, de «un yo». Para él, es fundamental que no confundamos cómo parecen las cosas con cómo son realmente. La experiencia del libre arbitrio parece que indica un poder causal de la consciencia sobre la materia. Sin embargo, esto sería como decir que las experiencias de rojo indican que el rojo existe en el mundo de las formas, cuando sabemos que los colores no existen en la realidad; solo lo hacen en nuestra mente como consecuencia del filtraje que hacen los fotorreceptores de nuestros ojos.

Veamos qué dicen al respecto otros tres brillantes pensadores. Daniel Dennett es un influyente filósofo estadounidense especialista en el campo de la consciencia. Explica de una forma sencilla la ilusión del libre albedrío. Para él, durante miles de millones de años en el mundo físico hubo vida y no existió libre arbitrio, y ahora, sin que haya cambiado nada en esa realidad, algunos humanos se atreven a aseverar que sí existe, gracias a que, por la evolución, hemos desarrollado un cerebro que permite tener una interpretación de la realidad. Eso no significa que podamos decidir, solo indica que sabemos encontrar un argumento que justifica a posteriori por qué hemos decidido esto o aquello. Esta justificación es una creación mental, una ilusión. Ahora bien, aunque no tengamos libre arbitrio, Dennet opina que sí debemos asumir la responsabilidad de nuestros actos, ya que vivimos dentro de un sistema social, que necesita esa asunción de responsabilidad para seguir funcionando.

Steven Pinker, científico cognitivo, no cree tampoco que exista y su explicación es funcional. Tenemos un cerebro con decenas de miles de millones de neuronas, que a su vez tienen cientos de miles de trillones de sinapsis. No existe una lógica estadística que nos permita afirmar que somos capaces de formular *a priori* una respuesta concreta para nuestro comportamiento.

Robert Sapolsky, profesor de Ciencias Biológicas y Neurología en la Universidad de Stanford, opina que el libre albedrío es un mito no sustentable por estudios científicos. El ser humano como organismo biológico es muy complejo y está influido por una cantidad ingente de condicionantes externos que guían su conducta de una forma no previsible y que va más allá de la voluntad particular y planificada.

Los datos parecen indicar, pues, que la vida de un ser humano es un mapa de posibilidades finitas que incluye también la limitación del abanico de nuestras creencias. Estas, a su vez, generarán una actitud que, junto con las causas materiales originadas por nuestro entorno, determinarán un número restringido de posibles experiencias vitales disponibles para cada uno de nosotros. La vida está fuera de nuestro control. Podemos acompañarla y aprender a optimizar nuestros potenciales.

Ese es el camino, y la aceptación activa es la estrategia. Después puede entrar nuestra inteligencia, intuición, determinación y el resto de los dones para obtener el mejor resultado posible de las aparentes oportunidades o desgracias que acontezcan en nuestra vida y en las que nosotros hemos participado, pero que no hemos decidido o construido de forma exclusiva y autónoma.

La teoría del libre arbitrio, además de carecer de sostén científico empírico, no tiene un fundamento ético que haga preferible su existencia a su no existencia. Creer que somos dueños de nuestro destino, aparte de ser una suposición no demostrada, hace crecer el ego y nos aleja de la humildad, de la tolerancia y de la compasión hacia quienes han tenido opciones vitales más limitadas que las nuestras.

Quiero acabar este apartado con una cita del libro *La sanación silenciosa*: «Tú no tienes "tu" vida ni te pasan "cosas" de forma aislada. Estamos unidos a una energía vinculante e inevitable que es la que estructura profundamente la realidad. La vida es como un engranaje enorme que nos incluye a todos. No hay nada separado; por lo tanto, el libre albedrío no tiene lugar. Somos colaboradores de la existencia. Somos vida en danza con todas las vidas del universo».

En presencia consciente

Al igual que vimos en el segundo espejismo acerca de cómo habitar el cuerpo físico, habitar el cuerpo emocional requiere también vivir en presencia consciente. En este sentido, la vía de llegada más sencilla y poderosa es la misma: la respiración consciente.

El segundo requisito para una vida en presencia consciente es la actitud de desproveerse de juicio. Esto lo facilita el mismo hecho de estar centrado en el cuerpo a través de la respiración, lo que permite dejar pasar los pensamientos y con ellos el juicio, las opiniones, que no dejan de ser interpretaciones, representaciones cristalizadas de lo que trae o trajo la vida a nuestros otros presentes.

Habitar el cuerpo emocional desde la presencia consciente es a la vez sencillo y muy complejo. Sencillo porque lo único que nos pide es estar presentes en nuestra respiración, en una actitud contemplativa ante la vida y sus sucesos. Muy complejo porque significa renunciar a la máquina de creación de ilusión de control y existencia propia, la memoria y sus frutos, los pensamientos.

Cuando caminas, caminas; cuando comes, comes... Estar en presencia total te permite percibir que eres la consciencia que vive las emociones que te atraviesan y no ser atravesado por ellas sin consciencia.

Esta es la esencia de la presencia consciente. En mi opinión, extenderse más es entrar en el discurso, en alimentar pensamientos acerca de la bondad de vivir más allá de ellos. Es muy difícil superar en eficiencia al silencio.

Transhumanismo e inteligencia artificial: la última frontera del *Homo sapiens*

La inteligencia artificial y el transhumanismo van a cambiar el mundo exterior y el mundo interior; en particular, nuestros cuerpos físico y emocional.

Permíteme que haga primero una introducción a cada uno de estos dos eventos y que sea al final de este apartado cuando presente las sugerencias sobre cómo habitar el cuerpo emocional en ese nuevo contexto, en el que deberemos reformular incluso la actual definición de ser humano.

Para empezar, recordemos el significado del concepto de transhumanismo. Estamos hablando de incorporar al cuerpo humano tecnologías que le permitan aumentar de forma sustancial sus facultades intelectuales y físicas. El cuerpo se considera un recurso de partes reemplazables, tanto por desgaste como por actualización de capacidades.

El transhumanismo es la expresión máxima de la concepción determinista del ser humano como escultor autónomo de su persona. La IA, junto con la nanotecnología, la ingeniería genética y la eugenesia embrionaria son las tecnologías centrales que le dan viabilidad técnica. El movimiento transhumanista se consolidó en la segunda mitad del siglo pasado en la Universidad dc California, con Fereidoun M. Esfandiary como uno de sus máximos precursores, junto con el biólogo Julian Huxley. Sus propuestas y las posteriores de otros defensores de esta corriente han generado adhesiones y también críticas feroces, en el campo de la ética y en cuanto a la viabilidad técnica.

Además de la optimización de facultades, la meta final que busca este movimiento es encontrar respuesta a los deseos de inmortalidad o, cuando menos, de llegar a un promedio de vida muy superior al actual.

La idea matriz es mantener los aprendizajes y la memoria, reemplazando de forma periódica las partes del cuerpo en la medida en que vayan quedando incapacitadas para dar un rendimiento óptimo.

El progreso de la inteligencia artificial y de las nanotecnologías están acrecentando el número de defensores y aumentando de forma exponencial las inversiones milmillonarias destinadas al desarrollo de toda la interfaz necesaria.

En una línea tecnológica diferente, pero paralela, se incluye el desarrollo de los úteros y placentas artificiales, cuyos objetivos van más allá de sustituir a la madre biológica e incluyen un control exhaustivo del desarrollo del bebé. Estamos ante un cambio del concepto de paternidad o maternidad, y de la estructura familiar.

Permíteme situar el transhumanismo y la inteligencia artificial en el contexto histórico y socioeconómico en el que ambas han adquirido relevancia. La nueva economía que aparece a finales del siglo XX y principios del siglo XXI consolida la revolución digital.

En esa época, el capitalismo industrial, que se había caracterizado porque las máquinas eran el centro del valor productivo, es reemplazado por el capitalismo cognitivo. Ese es el momento histórico en el que la inteligencia artificial y el transhumanismo encuentran el entorno adecuado para su arraigo y posterior crecimiento exponencial.

El capitalismo cognitivo da centralidad a la tecnología de la información y la comunicación. Su eje es la recopilación y gestión de gran cantidad de datos que después se destinan a conseguir la atención de las personas, de los posibles clientes. El capital intelectual se convierte en el eje del capital productivo.

Me considero un amante y usuario de las nuevas tecnologías. Considero que son buenas o malas en función del uso que les demos. Deseo de corazón que introduzcamos los avances tecnológicos de la IA y el transhumanismo con mayor inteligencia y consciencia planetaria que con las que hemos introducido las innovaciones de las revoluciones industrial y digital.

Dicho esto, a continuación, realizaré un breve apunte sobre algunas implicaciones que tendrán la IA y el transhumanismo. Los datos parecen indicar que dentro de cien años nuestra vida cotidiana sufrirá una transformación de mayor calado que la que han producido el total de innovaciones que hemos introducido los humanos en los cuatro millones y medio de años de historia de nuestra especie.

Comencemos por la inteligencia artificial. Hay multitud de predicciones sobre su evolución e impacto en este siglo XXI. Ya hay datos que permiten estimar los sectores que van a tener una mayor transformación. Sería muy extenso dar detalle pormenorizado de todos ellos, así es que acotaré las referencias a algunos de los más significativos.

- Transporte: uso estandarizado de vehículos autónomos que funcionarán a base de energías renovables. Aquí se incluye tanto el transporte privado como el público, y tanto el terrestre como el aéreo o el marítimo.

- Salud: el uso de dispositivos acoplados en el cuerpo que realizarán monitoreo del estado de salud e informarán a nuestro médico de cabecera sobre las medidas preventivas necesarias. También será significativo el uso de IA en el diagnóstico y como base para la fabricación de los robots que cumplirán funciones asistenciales en los centros médicos, hospitales y domicilios.

- La IoT (internet de las cosas): interconexión de todos los dispositivos electrónicos para optimizar la gestión de la vida cotidiana en los tres niveles: personal, vecinal y ciudades (diseño y logística).

- Entretenimiento: la realidad virtual y la robótica tendrán un peso significativo, así como la producción de todo tipo de robots que serán utilizados como asistentes personales.

- Educación y formación profesional: IA integrada en las aplicaciones para realidad virtual (permiten visionar realidad virtual), realidad aumentada (permiten visionar realidad virtual y también los objetos de tu entorno) y realidad mixta (permiten interactuar con objetos reales dentro de una realidad virtual). El uso de hologramas en la impartición de clases y conferencias ya se ha introducido en algunas escuelas de negocios; por ejemplo, la del Imperial College de Londres o el Instituto de Empresa de Madrid, o la Universidad de Harvard. A corto plazo, esta será una práctica habitual en muchas otras escuelas de negocios y universidades.

- Mercado laboral: aquí la pregunta es inversa, es decir: ¿qué profesión no será revolucionada por la entrada de la IA? No me quiero extender en este apartado, pero creo relevante citar una referencia que incluye José María Lasalle en su libro *Civilización artificial*: «En 2020 el 67 % de la fuerza laboral descansaba en seres humanos y el 33 % en máquinas. La previsión de la OCDE (Organización para la Cooperación y el Desarrollo Económico) es que para 2025 la aportación humana esté en el 53 % y la de las máquinas en un 47 %». Esta sustitución galopante afecta desde puestos de trabajo poco cualificados a puestos directivos, al conjunto de profesiones liberales y de trabajo cualificado.

Para comprender el impacto de la IA, voy a realizar una breve diferenciación de sus dos modalidades, la IAD (inteligencia artificial débil) e IAF (inteligencia artificial fuerte). La IAD se centra en modificar procesos productivos, logísticos o de gestión. La IAF tiene un ámbito de actuación mucho más amplio y cambiará incluso los equilibrios geopolíticos del planeta.

Jen-Hsun Huan, CEO de Nvidia, empresa líder mundial en computación e inteligencia artificial con un valor de capitalización bursátil de más de tres billones de dólares, opina que la denominada inteligencia artificial fuerte (IAF) podría estar lista en el año 2029. La IAF es el objetivo estratégico de los dos grandes bloques: Estados Unidos y China. Su llegada significará disponer de una simulación mejorada del cerebro humano, con una capacidad casi ilimitada de cálculo. Eso implicaría un radical incremento en su fiabilidad en el procesamiento de información compleja y toma de decisiones.

Física, emocional, filosófica y religiosamente, el transhumanismo significa un cambio radical de registro. Comporta hablar de un nuevo tipo de ser humano y, por tanto, de humanidad, en la que se persigue un acoplamiento humano-máquina. Este siglo XXI puede ser cuando se produzca ese giro copernicano. Como consecuencia, tendremos que modificar hasta el vocabulario para referirnos al ser humano, que ya será el resultado de una revolución generada lejos del entorno natural en el que ha aparecido y evolucionado hasta hoy. Esta será la última frontera del *Homo sapiens* por múltiples razones. Cito dos de ellas:

- Nivel físico: el cuerpo pasará a ser regulado por los algoritmos de los dispositivos de IA, en lugar de por los centros reguladores naturales actuales que son fruto del proceso evolutivo.

- Nivel intelectual: generación de inteligencia y autoaprendizaje fuera del ser humano.

Me podría extender en este apartado, pero desbordaría el objetivo central de este libro. Reservaré esa aportación para el tercero que completará la serie y que centraré, desde la visión sociológica, en la evolución de la condición humana, la consciencia y el modelo social en el mundo posterior al *Homo sapiens*.

Es muy importante regular la IA, que ya ha aterrizado en nuestra vida cotidiana y cuyo avance exponencial se presume imparable. Por cuestiones de salud mental y de respeto a los derechos humanos más básicos, es necesario que se regule qué información puede introducirse y cuál no en sus plataformas de autoaprendizaje. Así como que se legisle que aplicaciones van a estar o no permitidas.

Dicho esto, y después de que hayamos implantado esta detallada regulación, creo desmedida la preocupación con la IA y el transhumanismo. Basta con observar con cierta neutralidad el actual sistema social, económico y emocional que hemos construido antes de ambas novedades y que solo beneficia a una reducida minoría, y que tampoco beneficiará a la mayoría de los que están por venir, salvo a las elites de millonarios y mil millonarios, a los que tampoco garantiza plenitud vital. Solo hay que ver la cara y la vida de los diez primeros ultrarricos de la lista Forbes.

Es obvio que son personas que han padecido un enorme sufrimiento emocional, que ha quedado oculto en su inconsciente y que necesitan ayuda para darse cuenta del desastre que están ocasionando en ellos y en el resto de la humanidad.

Tienen tanta carencia que necesitan disponer de una casi infinita cantidad de recursos materiales, que por pura paradoja no les dejan cabida para sentir compasión por ellos mismos y por sus congéneres, más allá de la caridad del *greenwashing* que practican sus descomunales corporaciones. Están satisfaciendo tanto sus necesidades de éxito, de ser reconocidos, que no les queda lugar para la empatía; de hecho, como consecuencia de su difícil vida emocional, algunos de ellos tienen trastornos de personalidad que les impiden sentirse y sentir.

Veo con esperanza el futuro que se avecina, por dos razones. La primera, porque es difícil hacerlo peor que como lo hemos hecho antes de la IA y el transhumanismo; la segunda, porque es necesaria una revolución que remueva y derrumbe desde sus cimientos el *statu quo* actual. A veces hay que caminar hacia el precipicio para encontrar la claridad que permita construir las mejores opciones de futuro.

Como cierre de este apartado, voy a detallar las sugerencias sobre cómo habitar el cuerpo emocional en el contexto del transhumanismo auxiliado por la IA. Desde mi punto de vista, no hay diferencia entre cómo habitarlo en estos momentos y en ese inmediato futuro.

Mi opinión se fundamenta en que lo central en los dos momentos es la presencia consciente. Como ya expuse en el primer espejismo, el yo personal de un humano actual y de un transhumano responden a programaciones inconscientes; en un caso, fruto de la socialización; en otro, de los algoritmos. Eso sí, ambos comparten un origen externo al individuo.

Por tanto, habitar el cuerpo emocional de un transhumano va a necesitar de los mismos cinco requisitos a los que hago referencia en este tercer espejismo, es decir, vivir en el agradecimiento por SER, más allá de retos y expectativas; amar sin esperar retorno, entregarte a la VIDA, en presencia consciente.

Claves que te aportará el antídoto al tercer espejismo

Integrar en tu vida cotidiana lo expuesto en este tercer antídoto te aportará las siguientes claves:

- Entenderás que defender que existe o que no existe libre albedrío, aunque parecen posturas diferentes y enfrentadas, en realidad, son dos formas similares de respaldar el determinismo, ya que en ambas opciones hay un individuo o una «entidad: vida, Dios, destino, etc.» que determinan el curso de nuestra experiencia vital. Aunque participamos de alguna forma en nuestra vida, somos el fruto de algo con mayor complejidad que nuestras mudables intenciones y volátil voluntad propia. Somos un ente de resultado impredecible, al igual que la VIDA que nos habita y el universo que la acoge.

- Descubrirás que la fantasía del libre albedrío es tan poderosa porque cubre una carencia central. Sentir que, si carezco de él, estoy falto de identidad.

- Integrarás que optimizar tus potenciales es el camino y que la aceptación activa es la estrategia. Después puede entrar la inteligencia, intuición, determinación y el resto de los dones para obtener el mejor resultado posible de las oportunidades o aparentes desgracias que sucedan en nuestra vida.

- Comprenderás por qué es importante estar agradecido por SER, sin más. Como consecuencia de que estás encarnado en un cuerpo, todo lo vives desde ahí; engañosamente, a veces parece que todo tiene que ver contigo, cuando no es así. En realidad, tiene que ver con lo que la VIDA trae a cada uno de los presentes de tu existencia, para que lo experimentes y que el juego continúe.

- Aprenderás a no discutir con la VIDA. Cuando discutes con ella, la plenitud se aleja de ti a la misma velocidad que los regalos incluidos en tus potencialidades y que tú quieres cambiar por otros. Desde pequeños nos enseñan erróneamente a luchar contra los acontecimientos que creemos que no son favorables; simplemente, porque contradicen alguna expectativa previa.

- Descubrirás que la plenitud vital está vinculada a una mirada amplia que incluye respetar todo aquello que trae la VIDA para ti, y a partir de esa actitud buscar la mejor opción posible para aprender de esa experiencia e integrarla.

- Integrarás que tu vida no es una lucha. Si tu cuerpo emocional no está distraído en la búsqueda de euforia, hay muchas posibilidades de que puedas navegar de forma armoniosa con las variantes del juego que ofrezca la VIDA y aprendas de ellas a cómo ser capaz de fundirte y disolver tu personaje en su sofisticación y misterio.

- Constatarás que, al igual que la plenitud vital, el amor es una actitud ante nuestra interacción con la VIDA. Carece de estrategias, porque no busca conseguir nada concreto en retorno. Es una práctica condenada al éxito, porque al carecer de búsqueda de provecho nunca ocasiona decepción o fracaso. Es lo que es en cada momento.

- Comprenderás por qué el transhumanismo y la inteligencia artificial no son avances positivos o negativos. La calidad y las consecuencias de su impacto final dependerá en su mayor parte de los valores desde los que fundamentemos su desarrollo y su puesta en práctica. Ambas revoluciones tecnológicas están ya presentes y no las podemos obviar; por tanto, necesitan de nuestra atención e implicación para que puedan disponer de la adecuada regulación, tanto ética como técnica.

4. Cuarto espejismo: creer que la búsqueda espiritual tiene como objetivo aumentar nuestro bienestar personal

Nunca antes la espiritualidad había despertado tanto interés y en tantos perfiles diferentes.

Tampoco antes la autoayuda y el crecimiento personal habían vendido una cantidad tan grande de libros o *workshops* presenciales y *online*. Las redes sociales han facilitado la aparición de una gran cantidad de «gurús» capaces de conocer la respuesta a cualquier pregunta que se les formule.

La frontera entre espiritualidad y autoayuda se ha desdibujado hasta tal punto que entendemos como espiritual un amplio abanico de contenidos relacionados con el bienestar personal y con la abundancia material. La consecución de este tipo de abundancia se ha convertido en el contenido de infinidad de libros y talleres que se autocalifican como espirituales.

Hemos colocado el bienestar del «ego» como centro de nuestro recorrido espiritual. Sin duda, el bienestar del «ego» es importante en nuestra vida y es un fin loable, pero desde su real naturaleza y no bajo la máscara de exploración espiritual.

Creer que la búsqueda espiritual tiene como objetivo aumentar mi bienestar es el cuarto espejismo, porque condena a quienes caen en esta confusión a alimentar el ego en una carrera sin fin, de persecución de beneficios personales, ligados al mundo, a sus objetos y a sus estados de ánimo. Los lleva a creer que el mundo y sus pertenencias pueden definir la totalidad de lo que son ellos y la globalidad de su experiencia vital.

Todo aquello que tiene que ver con nuestro bienestar particular lleva al apego, a confundir nuestra verdadera naturaleza con la impermanencia de nuestro personaje, sus deseos y sus circunstancias.

Por su significado etimológico, la espiritualidad hace referencia a la búsqueda de trascendencia. Se ubica más allá de la consecución de recursos para manifestar deseos. Es importante que volvamos a enmarcar la espiritualidad en su auténtico significado que, aunque lo incluye, va mucho más allá del intento de aumentar nuestro confort particular.

Su antídoto: la búsqueda espiritual es un viaje hacia la consciencia, que podemos aprender a habitar y que descubriremos que no tiene personaje protagonista

Hablar de espiritualidad es hablar de consciencia, ya que esta es la que nos permite querer y acceder a experiencias de trascendencia. Oriente y Occidente no están de acuerdo en la definición de lo que es un estado de consciencia plena. Para Occidente, el sujeto es el actor principal del acto consciente. Para Oriente, la consciencia plena es un estado que se alcanza cuando el sujeto se desvanece en la experiencia consciente.

Nuestro cuerpo es la puerta a la consciencia plena y la atención consciente es la llave. Las ciencias naturales y sociales reconocen desconocer el origen, naturaleza y ubicación de la consciencia. A pesar de ignorar qué es la consciencia o dónde se ubica, sí sabemos que estamos encarnados en un cuerpo a través del que sentimos y experimentamos la vida. El cuerpo y, en particular, la respiración consciente y una adecuada postura corporal son la puerta directa de entrada y permanencia en los estados de consciencia plena en la que el pensamiento y el pensador quedan diluidos.

En una visión coherente con la naturaleza profunda de la búsqueda espiritual, no existe un protagonista, porque en los estados de consciencia plena el sujeto se desvanece en la experiencia y con él su sensación de persona separada del «todo».

En su esencia, la búsqueda espiritual es un acto de entrega; como se dice en la práctica del zen, sin objetivo o espíritu de provecho. Por tanto, es un camino de disolución en el universo que somos.

Una fusión en la que no buscamos ni tan siquiera entender o sentir. No hay objetivo, y si tenemos que definir uno sería vivir en plenitud la experiencia de SER en la fuente que es inicio y destino. Clarifiquemos algunas dudas y confusiones que actúan como impedimentos para llegar a habitar la consciencia.

La irrelevancia del cerebro y del pensamiento para acceder o conocer la consciencia

Como ya he comentado, las ciencias naturales reconocen desconocer como apareció la vida. Permite que dé un paso atrás y comente algunos detalles sobre ese misterio y su relación con la aparición de la consciencia.

Para el reconocido neurólogo Antonio Damasio, la historia de la aparición de la vida en nuestro planeta se podría resumir en la siguiente serie «Protocélulas: 4000 millones de años. Primeras células (o procariotas, como las bacterias) sin núcleo: 3800 millones de años. Fotosíntesis: 3500 millones de años. Primeras células con núcleo (o eucariotas): 2000 millones de años. Primeros organismos multicelulares: 700-600 millones de años. Primeras células nerviosas: 500 millones de años. Peces: 500-400 millones de años. Plantas: 470 millones de años. Mamíferos: 200 millones de años. Primates: 75 millones de años. Aves: 60 millones de años. Homínidos: 14-12 millones de años. *Homo sapiens*: 300 000 años».

Sin entrar a analizar las creencias de las diferentes religiones sobre el origen de la vida, voy a repasar de forma muy breve lo que filósofos o científicos han creído en diferentes momentos de la historia.

Quizá parezca sorprendente, pero, a finales del siglo XVII, la ciencia desconocía cómo surgió la vida; la teoría dominante era que apareció por generación espontánea. No fue posible desbancar este supuesto hasta que, en 1677, Anton van Leeuwenhoek descubrió en su microscopio los microorganismos, a los que él llamó «animálculos» y que hoy en día se denominan protozoos y bacterias. Gracias a sus estudios, se supo que algunos seres vivos, como los insectos o moluscos, se desarrollaban a partir de huevos.

Hay que recordar que, a mitad del siglo XIX, Louis Pasteur, inventor de las vacunas y de la teoría del origen de las enfermedades infecciosas, recibió duras críticas de los académicos de ciencias naturales de su época por su teoría «*omne vivum ex vivo*», que defendía que todo ser vivo proviene de otro ser vivo.

Como decía anteriormente, a finales del siglo XVII, la ciencia también desconocía cómo se transmitía la vida entre humanos; coexistían diferentes conjeturas al respecto. Algunas afirmaban que la eyaculación masculina producía gases que provocaban que la mujer quedara embarazada; otras teorías afirmaban que el semen del hombre contenía la semilla completa del futuro ser humano, etcétera. De hecho, fue el mismo Anton van Leeuwenhoek quien formuló la primera explicación del proceso reproductivo en el ser humano, que quedó completada en 1827, con el descubrimiento del óvulo femenino por parte del biólogo Karl Ernst von Baer. Hace apenas doscientos años.

No voy a entrar en detalle sobre la evolución, como hice en *La sabiduría del no saber*, pero sí quiero introducir una reflexión publicada en 2023 en la revista científica *Nature*, que incluyo en la webgrafía, sobre el origen y naturaleza de la vida. Abhishek Sharma y Dániel Czégel son dos de los científicos que postulan la teoría del ensamblaje.

El enfoque es brillante y tiene su complejidad; voy a intentar explicarlo breve y claro. Aparentemente, la vida surge de partículas elementales que no podemos calificar de materia viva. Parece ser que es el ensamblaje de esas partículas lo que en un momento determinado ocasiona que aparezca la vida. Es como si la suma de elementos produjera un resultado final que añade propiedades que ellos no tienen por separado. Es el caso, por ejemplo, del agua, que tiene la característica de la humedad, pero que está ausente en las moléculas de hidrógeno y oxígeno que la componen.

Las ciencias naturales desconocen cómo ha aparecido la vida orgánica en nuestro planeta y cómo han aparecido los cinco reinos de seres vivos. Es factible que la aparición de la vida haya sido un proceso que podría tener su génesis en una combinación precisa de elementos en principio carentes de ella.

Si esta tesis se confirma como válida, una de las incógnitas que abre es que, en los robots construidos con componentes fabricados en material orgánico y creados a partir de IA, haya probabilidades de que aparezca algún tipo de vida orgánica, que podría ser germen de un proceso evolutivo cuyo punto final desconocemos, incluida la eventualidad de ser capaz de generar consciencia.

Sobre la aparición de la vida tenemos algunas teorías verosímiles. Lo tenemos peor sobre el origen de la consciencia. De hecho, no hay acuerdo ni en su definición; todo depende desde qué óptica la expliquemos y desde qué ámbito de creencias.

Voy a aportar un breve resumen sobre lo que dicen algunos investigadores actuales, tanto desde el plano científico como desde el filosófico.

Empecemos por el campo de la filosofía. David Chalmers, doctor en Filosofía y Ciencia cognitiva, es uno de los intelectuales más reconocidos internacionalmente en este campo; una de sus aportaciones es la definición del aspecto que se conoce como «el problema difícil» y cuyas dos preguntas centrales son: ¿cómo percibimos el mundo en una imagen unificada y coherente a partir de la actividad de las neuronas?, ¿de dónde sale esa imagen llena de detalles?

Para Chalmers, todos tenemos una película en continua proyección dentro que incorpora los sentidos, las emociones, las memorias biográficas e incluso una voz moral. En el centro de la película estamos nosotros viviendo un singular flujo de consciencia que es el que da sentido a la vida y a la vez la envuelve en el misterio.

Nadie sabe por qué tenemos consciencia. Hay quien defiende que se puede estudiar objetivamente, cuando por naturaleza esta es subjetiva. Según Chalmers, con las nuevas tecnologías se han establecido correlaciones entre cerebro y experiencias conscientes, pero esas correspondencias no son una explicación, porque ignoramos por qué se han dado.

La pregunta relevante sin contestar es: ¿por qué las actividades neuronales dan lugar a experiencias conscientes y por qué es necesario que se den? Desde las ciencias físicas, solo podemos llegar a una explicación reduccionista de la consciencia y explicar exclusivamente cómo funcionan los procesos cerebrales.

Para Chalmers, no es posible conocerla con los bloques de conocimiento que tenemos en la actualidad. Cree que es necesario desarrollar unos nuevos parámetros de conocimiento específicos para ella. James Clerk Maxwell, creador de la teoría del electromagnetismo, tuvo que hacer esto en el siglo XIX para explicar los campos electromagnéticos. Para él fue indispensable introducir un nuevo bloque de conocimiento, el de la carga eléctrica, y añadirlo a los ya existentes de tiempo, espacio y masa.

El segundo factor que debemos introducir para entenderla, según este investigador, es concebirla como algo presente en todos y cada uno de los componentes del universo, y aceptar que va a tener atributos diversos en una roca, en un fotón o en un ser humano.

Esta concepción incorpora admitir que la consciencia es uno de los bloques fundamentales de los que está construido el universo, al igual que lo son espacio, tiempo y masa.

Desde este enfoque tenemos que abrirnos a conectar información y consciencia; a un mayor o menor nivel de esta le corresponderá una mayor o menor cantidad de información integrada. El médico y neurocientífico Giulio Tononi trabaja en esta línea de investigación y ha desarrollado un modelo a partir de conectar las variables información integrada y consciencia.

Desde esta visión, la IA y los robots entrarían dentro de la consideración de entes conscientes, con lo que aparecen problemas éticos. No sabemos qué responder a todos los nuevos interrogantes que se plantean.

Os presento como siguiente referente a Dada Gunamuktananda, yogui y profesor de meditación; en la webgrafía incluyo el enlace a su TED Talk, que os recomiendo ver porque es amoroso y original. Para él, entender la substancia y el propósito del universo necesita de un acercamiento más complejo que intentar hacerlo desde la materia. Tenemos que comprenderlo desde la consciencia que está presente y es la esencia de todo.

Estamos de nuevo ante la visión del pampsiquismo, presente en la cosmovisión del yoga y que plantea que la mente, el espacio y la materia están hechos completamente de consciencia. Para Gunamuktananda, esta visión mejora la actual visión materialista del universo, que lleva a la soledad y la depresión. A diferencia, en la concepción del pampsiquismo, todos tenemos la posibilidad de sentirnos conectados y en paz. Uno de los valores añadidos del pampsiquismo es que puede ayudar a transformar nuestra relación con la naturaleza y llevarla a un lugar respetuoso y ético.

Según él, intentamos conocer la consciencia con el pensamiento, y eso no es factible, ya que este no es la herramienta para conocerla debido a que su esencia está más allá de las palabras y de la razón. La ciencia material nunca podrá llegar a conocerla. Presenta la meditación como una vía intuitiva a través de la cual es posible conectar y profundizar en el conocimiento de la consciencia.

Para Gerald Edelman, premio Nobel de Medicina y que con posterioridad se ha dedicado a investigar la consciencia, su estudio forma parte de la indagación de las ciencias gracias a los nuevos avances de la física y particularmente gracias a las técnicas de FMRI (imágenes por resonancia magnética funcional), que proporciona imágenes de la actividad del cerebro durante la realización de una tarea. Tálamo y corteza cerebral son las zonas con mayor relación con la actividad consciente.

A pesar de su enorme esfuerzo investigador y de idear la clasificación de consciencia primaria (presente recordado ligado a valores) y secundaria (capacidad de percibirnos como sujetos de nuestro pasado), sus estudios, más que describirla, explican lo que sucede durante la actividad consciente y dónde o cómo se produce. Es decir, aporta conclusiones operativas. Sus investigaciones dan luz a aspectos cognitivos-reflexivos, pero no permiten confeccionar una definición de la naturaleza de la consciencia.

Algunos otros neurocientíficos argumentan que el estado consciente está directamente relacionado con el estado activado o desactivado de la parte posterior-lateral de nuestro cerebro. Proponen que ese lugar del cerebro es la pantalla donde el tálamo proyecta las imágenes fabricadas en la consciencia.

En mi opinión, ubicarla en el cerebro, debido a que es allí donde se puede apagar el estado consciente, es una afirmación tan discutible como situar la fuente de electricidad en mi edificio, ya que desde el contador ubicado en la entrada puedo apagar o encender la corriente eléctrica.

Quiero hacer referencia también a un artículo incluido en la webgrafía y cuyos autores son los científicos Ana Lucía Valencia y Tom Froese. Si leéis este artículo, podréis constatar cómo un amplio grupo de investigaciones están comenzando a sentar las bases de lo que ellos llaman «consciencia ampliada», es decir, que la interacción de personas en actividades compartidas produce una sincronización entre ellas que desafía la concepción clásica de la consciencia como un ente individual circunscrito a un individuo en particular.

El último invitado será el doctor Christof Koch, director del Instituto Allen para la Ciencia del Cerebro, ubicado en Seattle (Estados Unidos) y doctorado por el Instituto Max Planck. Para Koch, el pampsiquismo es la explicación más completa de la consciencia, y lo es por tres razones: la biológica, la metafísica y la computacional.

Biológica

Sabemos de la consciencia de otros seres vivos por lo que nos dicen a través de su lenguaje y su conducta. Esas características las tienen tanto seres humanos como muchos otros animales capaces de comunicarse entre sí y dirigir su conducta a un fin. Anatómicamente, en sus cerebros, en sus redes neuronales y en las nuestras, podemos observar una amplia gama de similitudes. Solo un especialista en neuroanatomía puede distinguir en el microscopio un trozo de cerebro humano y otro de una amplia variedad de animales.

Metafísica

La consciencia es algo inmanente en el universo, que contiene espacio, tiempo, energía y materia altamente ordenada.

Computacional

Todo sistema que tiene integrada información cuenta con sensación de consciencia; cuanto más integrada está, mayor será la sensación.

En conclusión, parece reduccionista suponer que gracias a investigar nuestra red neuronal vamos a averiguar el origen y el funcionamiento de la consciencia, cuando ni tan siquiera podemos explicar la mente desde el cerebro. El desarrollo de innovadoras y útiles tecnologías de imagen que han permitido avanzar en el conocimiento del cerebro no abre el paso al conocimiento de cómo se origina o funciona la consciencia. Son dos mundos que actúan en diferentes planos de complejidad.

Pongamos ahora el foco en la irrelevancia del pensamiento para acceder a la consciencia. El pensamiento complejo que ha permitido idear y compartir historias fue posible gracias al desarrollo del lenguaje; desde que empezamos a comunicarnos más y más con él, se comporta como una especie invasora que ha ido colonizando el espacio disponible en nuestro cerebro, hasta el punto de que en la actualidad vivimos en una sociedad que tiene en el exceso de pensamiento uno de sus problemas de salud mental más generalizado. Revisemos de forma breve su evolución a través de su catalizador, el lenguaje.

Hace cuatro millones de años, ya teníamos el dedo pulgar del pie unido a los otros dedos, a diferencia de chimpancés o gorilas, y andábamos totalmente erguidos. Ya éramos omnívoros y cazadores, aunque gran parte de nuestra dieta fuera vegetariana.

Hace tres millones de años aparecieron las primeras tecnologías; es decir, que nuestros antepasados no solo usaron herramientas, sino que utilizaron unas piedras para afilar otras. A partir de ese momento se modificó por primera vez la materia para conseguir herramientas.

En esa época, el dedo pulgar de la mano ya tenía la capacidad de ser oponible al resto de los dedos; por tanto, nuestra mano adquirió lo que se conoce técnicamente como la pinza de precisión. Muchos estudios estiman que en esa época aparecen las primeras «versiones» de una comunicación hablada más rica y que anteriormente estaba circunscrita a señales, gritos y gruñidos.

Un lenguaje complejo de alguna forma similar al que conocemos hoy se desarrolló hace aproximadamente entre cuarenta mil y cincuenta mil años, coincidiendo con el descenso de la laringe. Es una estimación aproximada, ya que datar con exactitud su aparición tiene la dificultad añadida de que su evolución no dejó rastros fósiles que nos permitan conclusiones precisas. Hay otras teorías que asocian su evolución a la mutación del gen Foxp2; otras, a mutaciones del cerebro que afectaron tanto a su cableado como a su tamaño.

De todos modos, lo importante es que, independientemente de las causas, la evolución a un lenguaje complejo produjo un salto en la comunicación humana, en nuestra evolución tecnológica, en nuestros modos de vida y de interacción e interpretación del mundo.

Si leemos a paleontólogos y antropólogos ilustres, la inmensa mayoría de ellos coinciden en que la evolución del cerebro está relacionada con la evolución del lenguaje y tuvo unas causas funcionales, que fueron ayudarnos a asegurar la supervivencia de la especie. Sus argumentos concatenan cada paso evolutivo con la consecución de nuevas prestaciones que se manifestaban en el desarrollo de herramientas para ampliar y difundir conocimiento o estrategias de colaboración que permitieran que nuestra especie fuera dominante en el medio natural.

El desarrollo del cerebro es considerado una adaptación evolutiva que ofrece un sinfín de ventajas a nuestra especie. Yo estoy de acuerdo en que es una fuente de utilidades y también que puede ser el instrumento protagonista que nos conduzca a la extinción. La causa principal es la desconexión entre la evolución del cerebro y la evolución de la consciencia.

Sucede como con el «tigre diente de sable»: sus largos y curvos colmillos le permitieron cazar de forma eficiente, pero su crecimiento continuo convirtió los colmillos en no funcionales para la caza y causó su extinción. De este mismo modo, el crecimiento continuo del pensamiento será el protagonista de nuestra extinción, porque el uso que le estamos dando es contrario a la preservación de nuestro entorno natural, el que hace posible nuestra existencia; además, es contrario a nuestra salud emocional, ya que cada día un mayor número de personas entran en la espiral de las enfermedades mentales y su consiguiente dependencia farmacológica.

Una de las dolencias más graves de nuestros días es el exceso de pensamiento o, visto por el lado opuesto, la falta de presencia en el aquí y el ahora. El pensamiento aleatorio y pleno de contenidos inútiles cuando no tóxicos ocupa el poco margen de nuestra vida consciente. Al igual que en la IA, nuestra capacidad de procesamiento cerebral está aumentando sin que lo haga nuestra consciencia.

Llevamos siglos autoexplicándonos que el pensamiento es una de las grandezas significativas del ser humano. Pero los conocimientos científicos que tenemos en la actualidad impiden que sigamos manteniendo ese postulado. Ahora ya sabemos que nuestra mente carece de las capacidades intelectuales necesarias para conocer la realidad, tanto la física como la emocional. Respecto a esta última, como mucho podemos conocer cuál es nuestro estado de ánimo. Además, en muchas ocasiones nos equivocamos en el diagnóstico de sus causas, como consecuencia de que vivimos en un realismo afectivo que anula la claridad de análisis sobre lo que vemos y lo que sentimos. Lo único que podemos afirmar es que con nuestros razonamientos tenemos la capacidad de interpretar las diferentes realidades. Interpretación y conocimiento objetivo están muy lejos entre sí. Al bajar de su trono ficticio al pensamiento como su principal fruto, nos acercamos a una perspectiva realista de cuál es la intervención de ambos en nuestra vida y en la VIDA que nos conduce más allá de nuestras interpretaciones.

Carecemos de sostén científico para asegurar que el pensamiento sea una vía de acceso a la consciencia. Por otro lado, las tradiciones espirituales milenarias de Oriente afirman que el pensamiento se inicia y concluye en sí mismo sin abrirnos las puertas de la consciencia plena. Muy al contrario, estamos en ella solo cuando estamos más allá de nuestros pensamientos.

El hecho de que en Occidente conectemos pensamiento y consciencia tiene que ver con la sobrevaloración que hemos dado a la mente. Hemos llegado hasta la frontera del reduccionismo de la VIDA al formular, desde cátedras y púlpitos, que la consciencia del ser humano está activada cuando está pensando en lo que está pensando.

La mente no tiene recursos para conocer de forma completa y objetiva ninguna de las tres realidades que atraviesan nuestra vida: física, social e individual. Los conocimientos actualizados desde la teoría de la relatividad y la física cuántica, que nos han adentrado en las nociones de complejidad insondable, han permitido constatar nuestras limitaciones estructurales para desvelar los misterios de la VIDA y de la consciencia.

Con los conocimientos que ahora ya tenemos, es mejor dedicar nuestros esfuerzos a averiguar los senderos que den acceso a entrar en estados de consciencia plena, y desde ahí entregarnos a cada instante sin tanto pensamiento pensado. Nuestro cerebro se merece un respeto y un descanso.

Consciencia y educación. La pedagogía del no saber

El doctor en pedagogía y profesor de la Universidad Autónoma de Madrid Agustín de la Herrán Gascón se pregunta: «¿Cómo es posible que en las carreras docentes y en las facultades de Educación los maestros y maestras, orientadores y pedagogos no hayan oído hablar ya no de autores clave como P. Teilhard de Chardin, J. Krishnamurti, K. G. Dürckheim, R. Maharshi, etc., sino de temas clave como el ego y su relación con el desempeoramiento humano, o la conciencia y su significado para la educación, o el autoconocimiento y la interiorización, así como de todo este triángulo y la posible evolución humana?».

Estoy de acuerdo con Agustín de la Herrán en que la formación que reciben los profesores y profesoras se basa en «la pedagogía del saber», que está fundamentada en la memorización y/o reproducción de conocimientos conectados en su gran parte con utilidades prácticas para gestionar el día a día en el mundo. En esa pedagogía se ha perdido la orientación a la evolución interior de los alumnos.

En la formación del profesorado, la primera tarea de un pedagogo tendría que ser ayudarlos a descubrir de forma consciente que «no saben», que ni ellos ni ningún otro ser humano tiene las respuestas ciertas acerca de qué o cómo es la realidad física, o acerca de cuáles son las respuestas sobre los grandes misterios de la existencia. A partir de ahí es más posible que los futuros profesores interioricen la importancia de incluir en sus enseñanzas contenidos provenientes de «la pedagogía del saber» y también de «la pedagogía del no saber», cuyo campo y acciones de conocimiento van más allá del uso de contenidos elaborados por el pensamiento humano. Aquí estarían incluidas, entre muchas otras, enseñanzas que permitan avanzar en el autoconocimiento y la consciencia.

«La pedagogía del saber» parte de dos errores iniciales. El primero es suponer que las ciencias naturales y sociales conocen la realidad, cuando en la actualidad, por los avances científicos, ya sabemos que las limitaciones intelectuales y sensoriales del ser humano solo permiten interpretar la realidad, pero no conocerla de forma completa y objetiva.

El segundo error es poner el foco casi exclusivamente en el conocimiento intelectual y la preparación profesional para el mundo y abandonar la evolución interior de los alumnos. Esta última pertenece de forma plena a «la pedagogía del no saber»; una disciplina virgen que espera nuestra atención.

A modo de ejemplo, voy a indicar algunas de las posibles enseñanzas incluidas en la pedagogía del no saber:

1. Consciencia emocional
   Aquí podemos incluir prácticas de introspección para hacer consciente la traza emocional y el guion de vida. También el uso de herramientas como el eneagrama, para conocer e indagar en el núcleo de personalidad.

2. Consciencia corporal
   Aquí podemos incluir el yoga, que es una disciplina adecuada para la conexión mente-cuerpo-espíritu, o prácticas como el chi kung, taichí, el quigong o similares, ideales para el movimiento y equilibrio de la energía vital.

3. Consciencia de unidad con el resto de los seres humanos
   Aquí podemos incluir prácticas de disolución del ego, como la meditación en silencio y la profundización en la sabiduría del no saber.

4. Consciencia de unidad con lo vivo
   Aquí podemos incluir enseñanzas para saber vivir y sobrevivir en la naturaleza de forma armónica y respetuosa.

Carlos Skliar es un pedagogo reconocido internacionalmente como referente en el enfoque de la educación como herramienta para la ampliación de consciencia. Para Skliar, la escuela tiene una importancia capital como factor de detención del mundo, de no replicarlo, de ser un espacio en el que se imparten conocimientos y conductas que van más allá de los intereses del sistema productivo y social. Según Skliar, «la educación no debe ser enfocada como una simple preparación para ganarse la vida. Debe ser enfocada como una preparación para la vida». Considera que en la actualidad hemos caído en un enfoque del conocimiento como algo utilitario que debe servir para asegurar nuestro sustento. Skliar opina que en la educación nos preocupamos del estar, y no del ser de los alumnos; es decir, nos preocupamos de su presencia y no de acompañar a su consciencia, a su SER.

Estoy comprometido con la labor de divulgar la importancia de incorporar la pedagogía del no saber y sus contenidos en la formación de los profesores de todos los niveles educativos, desde primaria hasta la formación universitaria. En ese sentido, encontraréis mi disposición a impartir conferencias o talleres al respecto. De la misma forma, estoy abierto a colaborar con profesionales de la pedagogía para impartir esas conferencias o talleres de forma conjunta, o para cualquier otra acción compartida que facilite esta innovación.

Cinco contracciones significativas de la consciencia

En mi opinión, durante la vida de un ser humano la consciencia sufre cinco contracciones significativas.

Comencemos el recorrido por el embarazo. Nuestra vida en el interior del útero materno transcurre en un puro sentir, en un dejarse hacer por lo que sucede en nuestra existencia. Ni tan siquiera necesitamos ver lo que sucede, nuestros ojos permanecen cerrados en la confianza de que existen fuerzas externas que cuidan de nosotros y que hasta respiran por nosotros.

Un buen día salimos al mundo exterior. En ese momento, se produce el primer giro copernicano de nuestra vida. Necesitamos abrir los ojos y respirar por nuestra cuenta. Aún con todos los sentidos no basta y tenemos que poner en marcha el pensamiento, para intentar comprender lo que sucede y cómo conseguir que lo que ocurre nos ayude a sobrevivir. En ese momento se acaba el puro sentir, la ausencia de control, e inicia su recorrido el pensamiento. Emitimos un sonoro llanto y experimentamos la primera contracción.

Después del nacimiento, y durante un breve espacio de tiempo, nuestros sentidos nos informan de que somos uno con todo lo que nos rodea; apenas distinguimos fronteras entre nuestro cuerpo y el mundo exterior. Nuestra percepción extrasensorial está muy desarrollada y tenemos la capacidad de percibir elementos sutiles más allá de lo que ven nuestros ojos. Con los meses, esa indiferenciación se va reduciendo y pasa del mundo en general a nuestra madre en particular, hasta que otro día, de improviso, esa última fase de indiferenciación muere y nacemos al yo, al personaje que nos acompañará el resto de nuestra vida. Esa será la segunda contracción.

Durante la infancia recibimos continuos mensajes verbales y no verbales de la familia y el entorno sobre lo que es o no correcto. Si hemos tenido suerte con la familia que nos tocó por azar, el juego será la actividad con mayor presencia en nuestro tiempo diario. Por ahora, nadie nos dirá con insistencia qué tenemos que pensar sobre cómo es el mundo. La fantasía está permitida e incluso fomentada en los cuentos e historias que nos leen los adultos. Ahora bien, otro día que parecía uno más, nos informan de que se ha agotado la licencia para vivir en un mundo más allá de la realidad que se puede ver y tocar. Hemos nacido a la racionalidad, y la lógica que presume acompañarla. Con ello sobreviene la muerte de la magia; esa será la tercera contracción.

En la educación que recibimos durante y a partir de la adolescencia se va limitando nuestra opción de contestar con un «no sé». El tipo de pedagogía es casi exclusivamente una pedagogía del saber y, por tanto, expulsa la incertidumbre, o por lo menos apenas se habla de ella. No recuerdo ningún profesor que se presentara el primer día de clase diciendo que lo que iba a enseñarnos era una interpretación de la realidad, porque conocer la realidad de forma objetiva y completa estaba fuera del alcance intelectual y sensorial del ser humano. Muy al contrario, todos parecían estar en posesión de ese conocimiento completo y sin fisuras. Nace en nosotros el automatismo de tener opinión sobre casi cualquier cosa que nos pregunten e incluso sobre las que pensamos, sin que nadie nos haya preguntado la opinión. La muerte de la incertidumbre y el «no sé» será la cuarta contracción.

Acabamos nuestra educación sin que nadie nos haya informado de que desde una descripción puramente física somos un fractal del universo, de que, al igual que toda la materia existente, somos polvo de estrellas, de que las células de nuestro cuerpo tienen la sabiduría acumulada de las especies que dieron lugar al ser humano, y tantas más maravillas que se pueden decir de nuestra naturaleza y potenciales. Sin esa información, nos incorporamos al mundo del trabajo. La extrema competitividad del sistema económico y productivo que hemos construido o permitido construir a otros, los escasos salarios, la cantidad de horas que la mayoría de la población tiene que dedicar para asegurarse un modo de vida digno, más el coste en salud mental de todo lo anterior, ocasiona la muerte a la dimensión fractal del ser humano. Esa será la quinta contracción.

A partir de ahí, casi todo vale, porque creemos que somos individuos separados del resto, dueños de nuestra vida y nuestro destino, que todo depende solo de nuestro esfuerzo y habilidad personal.

En cada una de estas cinco muertes, la consciencia humana sufre una contracción. La percepción de nuestra naturaleza real también se contrae, y eso permite que aceptemos un destino mucho más pequeño que el que merecemos. Estoy convencido de que disponemos de las capacidades para revertir esas contracciones. Considero que el primer paso es cambiar la mirada, abandonar la presunción de que tenemos respuestas a todo, entregarnos a la sabiduría del no saber, recuperar nuestra humildad y asombro ante los misterios de la vida, de la que somos un fractal y, por tanto, portadores de toda su sabiduría.

Los siguientes pasos son acompañar cada una de esas etapas —el embarazo, la infancia, la adolescencia, la juventud y la adultez— conscientes de cuál es nuestra naturaleza real y basar nuestra educación en la pedagogía del saber y en la pedagogía del no saber, a la que he hecho referencia en el apartado anterior.

Etapas del viaje de la consciencia

Ya que no hay datos científicos que lo avalen, yo no voy a cometer el suicidio intelectual y emocional de considerar la consciencia como algo de naturaleza neuronal. Así es que voy a abrir la mirada y contemplar también otras visiones.

Partiendo de esta consideración holística, plantearé este apartado como un viaje en el tiempo lineal. Nadie tiene ni idea acerca de cuándo aparece la consciencia en un ser humano. Tenemos tantas interpretaciones como personas dispuestas a compartir su opinión. Los hay que dicen que ya la tenemos antes de que se fecunde el óvulo de nuestra madre, y que esa consciencia individual es la que decide encarnar y hasta decide en qué familia hacerlo. Para otros, aparece al cabo de unas cuantas semanas del embarazo, y ubican ahí el inicio del recorrido vital de un ser humano.

Muchos otros dicen desconocer cuándo aparece. De la misma forma que no hay acuerdo de cuándo comienza el recorrido de la consciencia individual, tampoco lo hay acerca de cuándo acaba. Para unos acaba en el mismo momento de la muerte del cuerpo físico; para otros, unas decenas de días después; para otros es eterna.

En definitiva, no solo no tenemos ni idea de si la consciencia es universal y también individual, o solo universal, o solo personal, sino que tampoco tenemos idea de cuándo aparece, cuándo desaparece, cuál es su naturaleza. Además, tampoco nos ponemos de acuerdo sobre cuáles son específicamente sus funciones.

Todo lo anterior me faculta a ser atrevido, ya que nadie me puede venir con el tratado de las certezas a decir que te estoy sugiriendo barbaridades que están fuera del manual de instrucciones contrastado, ese que describe con precisión al ser humano y la *performance* integral de su consciencia.

Cada uno de nosotros tenemos una cosmovisión que marca nuestra forma de sentir y pensar el mundo o nuestra vida en él. La mía tiene una marcada tendencia a no establecer fronteras. En su lugar, yo percibo entrelazamientos entre lo que existe, lo que supuestamente ya no y lo que existirá en algún momento del futuro.

Dicho lo anterior, paso a compartir algunas explicaciones alternativas del viaje de la consciencia que tienen, en mi opinión, suficiente soporte de investigación como para que sean alimento de tu reflexión y tu sentir.

No entraré a detallar las visiones de los diferentes credos religiosos, me limitaré a exponerte las indagaciones de diferentes profesionales de prestigio, la mayor parte de ellos médicos. Debido a la no existencia de trabajos de investigación sobre la entrada de la consciencia en el cuerpo del ser humano, me ceñiré a los estudios que sí existen sobre su viaje después de la muerte del cuerpo físico.

A este tipo de experiencias, los médicos que las han estudiado le han dado el nombre de ECM (experiencias cercanas a la muerte). *The Lancet*, la prestigiosa revista médica británica, publicó en 2001 un artículo del cardiólogo Pim van Lommel en el que recogía las conclusiones de sus investigaciones hospitalarias, realizadas en coordinación con diez hospitales de los Países Bajos y con trescientos cuarenta y cuatro pacientes que fueron reanimados después de un paro cardiaco, algunos de los cuales tuvieron una ECM. Según este investigador, las experiencias de ECM son más frecuentes de lo que imaginamos. Sus cifras son de seiscientos mil casos en los Países Bajos, dos millones en el Reino Unido y seis millones en Estados Unidos. Para empezar, identificó experiencias específicas vividas por pacientes y que se repetían en ellos. Algunas de las recurrentes: ser conscientes de estar muertos, experiencias fuera de su cuerpo, revisión de los sucesos de su vida, atravesar un túnel de luz donde se vislumbraba una frontera, ver a familiares fallecidos.

Después de sus investigaciones, Van Lommel ha llegado a una serie de conclusiones:

- La consciencia no es un producto o subproducto del cerebro. No es un resultado de la actividad neuronal. Esta es para él la tesis con mayor significación y que debe constar como parámetro previo en las investigaciones futuras.

- Quienes han tenido una ECM explican que la realidad que experimentaron en ese estado parecía más real que la que habían experimentado el resto de su vida, a pesar de que fue una experiencia no local, fuera del espacio-tiempo lineal.

- La muerte del cuerpo físico es un cambio de consciencia, no su final. Esta deja de ser local (individual) para volver a su condición no local (colectiva-universal).

- Quienes tienen una ECM pierden el miedo a la muerte; su personalidad sufre cambios significativos: se vuelven más espirituales y altruistas.

Podría citar otros estudios realizados por médicos ilustres, algunos de los cuales son españoles, como es el caso del doctor Enric Benito o el doctor Manuel Sans. A ambos los incluyo en las referencias del apartado de webgrafía con enlaces a entrevistas. Los dos coinciden con lo apuntado por el doctor Pim Van Lommel, en particular en la conclusión central acerca de que la consciencia no es un producto del cerebro.

Con el fin de no extenderme en exceso, limitaré mis comentarios a las aportaciones de un solo referente más, el doctor Roger Penrose, premio Nobel de Física, del que también os dejo referencia en la bibliografía, así como el enlace de una entrevista que os incluyo en la webgrafía. Penrose argumenta que la ciencia carece de una teoría sólida que explique la consciencia, que esta sigue siendo un misterio. Defiende que la consciencia no es un proceso físico que se pueda describir de forma computacional o lógica. Añade que tampoco ha sido un mecanismo evolutivo diseñado para garantizar de forma óptima nuestra sobrevivencia, más bien parece ligada a contenidos emocionales. Es algo que podemos observar en las conductas humanas y también de animales con capacidad consciente, como, por ejemplo, los elefantes: en sus conductas de respeto y afecto tras la muerte de un familiar miembro de su manada.

Una vez acotada la posición de Penrose acerca de lo que la ciencia desconoce, es conveniente comentar que él y Stuart Hameroff, profesor en la Universidad de Arizona, elaboraron la teoría cuántica de la consciencia, que no ha sido demostrada en el laboratorio. Según esa teoría, después de morir, nuestro cuerpo expulsa al exterior información consciente alojada en los microtúbulos de las neuronas. Es decir, que según ellos la información de nuestra consciencia es transferida después de nuestra muerte.

En resumen y como cierre, podemos argumentar que la ciencia no puede afirmar que la consciencia desaparezca después de la muerte del cuerpo físico. Rodeados de misterio, los datos parecen concluir que su viaje tiene un recorrido mayor y más complejo que el del cuerpo físico.

La meditación en silencio como vía hacia la consciencia plena

Lo que propongo en este último apartado es que me permitas contarte mi experiencia al respecto, para que de esa forma pueda mostrar que este camino está disponible para cualquiera, ya que lo estuvo para mí. A cambio, me comprometo a ser breve.

Mi itinerario vital ha sido el de alguien fascinado por el conocimiento intelectual y que creía que en él podría encontrar las respuestas a todas las preguntas. Siguiendo esa creencia, estudié con una determinación casi obsesiva. Durante años, me convertí en un lector voraz de publicaciones que trataban de explicar la condición humana, desde los más variados puntos de vista que te puedas imaginar.

De la misma forma que coleccionaba libros, coleccioné títulos académicos, mi licencié con sobresaliente, me doctoré *cum laude*, etcétera. Cuál fue mi sorpresa cuando, al acabar el ciclo de formación universitaria, tenía un mayor número de preguntas sin respuesta que cuando la había iniciado muchos años atrás. Sostuve ese *shock* hasta que me di cuenta de que había buscado la respuesta en las construcciones intelectuales que explicaban el mundo desde las cavilaciones de la mente, del pensamiento.

Ese recorrido finalizó cuando la vida me puso delante de la pared blanca de un dojo zen. Ese día entendí, con algo que no fue mi cerebro, que había llegado al lugar adecuado para salir de la madriguera, de la ilusión de ser un alguien con capacidad de conocer desde el pensamiento. Mi cuerpo dolió durante los primeros dos años de meditación en silencio, de zazen. A la vez que mis tendones se fueron acostumbrando a la postura, mi actitud se fue abriendo al vacío de la no-presencia en el lugar y en el momento en el que estaba mi personaje.

Con los años, la práctica se volvió fácil y recurrente. No me perdía ni un retiro, y en agradecimiento fui aceptando responsabilidades que me permitían ayudar. Han pasado casi treinta años desde esos inicios.

Estoy inmensamente agradecido a los miembros de la shanga del Centro Zen de Barcelona que me ayudaron a consolidar el hábito de meditar en silencio.

Posteriormente, durante los cinco años que viví en California y como consecuencia de lo lejos que estaba el dojo zen más cercano, me acostumbré a meditar en soledad. Esa costumbre se instaló de forma definitiva en mí. Desde entonces me siento en zazen en cualquier lugar o entro en conexión con el silencio en cualquier otra postura. Ha variado la forma, pero no la sustancia. Ha sido la meditación en silencio la que me ha permitido comprender que «la sabiduría del no saber» y la disolución del «yo individual» son requisitos de entrada a estados de consciencia plena.

Pocas actividades tienen mayor sencillez en la forma y mayor complejidad en su realización que la meditación en silencio. Su minimalismo pide una entrega total tanto de presencia como de actitud. Es tan exigente en las expectativas como para pedirte que la vivas desposeído de cualquier espíritu de provecho propio. Te pide que cuando haces el saludo de *gassho* dejes fuera del lugar a tu personaje.

Además de la presencia consciente y la actitud de desapego, la tercera clave del viaje a ese estado es la respiración lenta y profunda que te va acompañando en la salida de esta realidad a un no lugar en el que tú ya tampoco estás y en el que desaparecen las preguntas y la necesidad de buscar respuesta alguna.

Como podrás suponer, mis inicios en el zen llevaron a un desmontaje gradual de los pilares en los que hasta entonces había basado mi anclaje vital. Significaron:

- Abrirme a la opción de que mi personaje carecía de un particular interés, ya que era tan postizo como mi nombre, la estatura de mi cuerpo físico o el color del pelo.

- Volcar mi determinación en inaugurar el proceso de disolución de mi «yo personal» como construcción propia y autónoma. Algo a lo que de forma explícita hago referencia en mi anterior libro y en este.

- Acoger el espacio de silencio como el lugar de encuentro con la sabiduría profunda que habita en todo lo vivo y que reside allí, le hagamos espacio o no.

- Comprender que la consciencia plena es un estado al que es posible acceder por muy diferentes vías y casi en cualquier situación imaginable. Ahora bien, su lenguaje y el código universal de entrada es el silencio de la mente y el sí a la VIDA.

- Integrar que hay un punto de partida ilusorio, nuestra persona, pero que no hay un punto de llegada individual que se pueda ubicar en una búsqueda transcendente. Desde el mismo instante en que nos volcamos en esa indagación, estamos entregando nuestra individualidad al vacío, para que la recoja y la purifique en el fuego del amor sin destinatario; para que desde ese no lugar pueda vestirnos con el perfume de la ligereza y la irrelevancia de lo individual.

Claves que te aportará el antídoto al cuarto espejismo

Incorporar en tu vida cotidiana lo expuesto en este cuarto antídoto te aportará las siguientes claves:

- Integrarás que tu cuerpo es la puerta a la consciencia plena. Así como que la atención y la respiración consciente son las llaves.

- Aprenderás que las ciencias naturales y sociales admiten desconocer el origen y la naturaleza de la consciencia.

- Reubicarás la indagación espiritual en la búsqueda de transcendencia, más allá de la consecución de recursos para manifestar deseos personales. La búsqueda espiritual no tiene protagonista, porque en los estados de consciencia plena el sujeto se desvanece en la experiencia.

- Confirmarás que es reduccionista suponer que gracias a investigar nuestra red neuronal vamos a averiguar el funcionamiento de la consciencia, cuando ni tan siquiera la mente la podemos explicar desde el cerebro. La mente y la consciencia tienen mayor complejidad que el cerebro.

- Sabrás que un amplio grupo de investigaciones están comenzando a sentar las bases de la «consciencia ampliada»; es decir, que la interacción de personas en actividades compartidas produce una sincronización entre ellas que desafía la concepción clásica de la consciencia como un ente circunscrito a un individuo en particular.

- Recordarás que en Occidente sobrevaloramos la mente. Hemos llegado hasta la frontera del reduccionismo de la VIDA al formular que la consciencia está activada solo cuando estamos pensando en lo que estamos pensando.

- Confirmarás que no hay acuerdo sobre cuándo comienza el recorrido de la consciencia individual y tampoco cuándo acaba. Para unos acaba en el momento de la muerte del cuerpo, para otros, días después, para otros es eterna.

- Constatarás que no solo no tenemos idea de si la consciencia es universal y también individual, o solo universal, o solo personal, sino que tampoco tenemos idea de cuándo aparece, cuándo desaparece, cuál es su origen o su naturaleza. Sin duda, el estudio de la consciencia entra de forma íntegra en el ámbito de la sabiduría del no saber.

- Descubrirás que nuestro paradigma de conocimiento centrado en el pensamiento y en la pedagogía del saber nos lleva a cinco contracciones de la consciencia. Son las muertes del puro sentir, la muerte de la indiferenciación con el resto de lo que existe, la muerte de la magia, la muerte de la incertidumbre y el no saber, y finalmente la muerte de nuestra dimensión fractal. También descubrirás que estas cinco muertes son evitables si cambiamos nuestra mirada sobre el mundo e integramos las dos pedagogías, la del saber y la del no saber.

5. Modelo cognitivo abierto a la complejidad y al no saber

El viaje circular del conocimiento humano: del «no saber» al «saber que no sabemos»

Permíteme que haga una estimación de la cronografía orientativa de este viaje circular. Podría proponer decenas de diferentes opciones o usar otros parámetros, pero no variaría el objetivo que persigo, que no es otro que compartir contigo que el viaje circular del conocimiento humano se inicia y finaliza en el «no saber».

Del no saber (primeros homínidos)
al
Intuir y descubrir (*Homo sapiens*)
al
Acumular información y conocimiento y creer saber
(*Homo sapiens sapiens*)
al
Desarrollar la lógica del saber (Grecia clásica)
al

Desarrollar el primer método descriptivo de hechos
y experimentación
(Roger Bacon, siglo XIII)
al
Asegurar conocer la dinámica y fundamentos del universo
(Newton y otros, siglo XVIII)
al
Descubrir la complejidad insondable y descubrir
que carecemos de las capacidades intelectuales y sensoriales
para conocer la realidad de forma objetiva y completa
(a partir de Einstein y la física Cuántica)
al
Saber que no sabemos (a partir del siglo XXI
y hasta el fin de la especie humana)

Aunque ambos extremos parecen similares, hay una diferencia inmensa, cuyo significado hace incomparables los dos momentos históricos. En la actualidad, grandes mentes de las ciencias naturales, sociales y de la filosofía son conscientes de la complejidad insondable de la realidad, y como consecuencia de que ahora y en el futuro no podremos desvelar los grandes misterios del universo ni responder a las grandes preguntas sobre la existencia humana. Saber que el «no saber» es la condición de destino del ser humano cambia de raíz nuestro papel vital y nos lleva a la humildad ante el misterio insondable de la VIDA.

Nos permite recuperar el asombro ante lo que sabemos de una complejidad que nos supera y no es entendible para nosotros; a la vez que reduce el prejuicio o el juicio, ya que somos conscientes de carecer del conocimiento necesario para sostener ambos.

Este nuevo posicionamiento circunscribe nuestro objetivo más ambicioso al aprendizaje de cómo experimentar la vida de forma plena y en balance con el resto de las vidas y consciencias que nos rodean. Llevar ese objetivo a la práctica será más posible y generará un menor daño y estrés en nosotros y en nuestro entorno. Y es que, al haber aceptado que somos ignorantes en progreso, seremos mucho más prudentes al implementar tecnologías o sistemas de organización social de las que desconocemos sus consecuencias.

Al sentirnos desposeídos de la fantasía de que podemos alcanzar «LA VERDAD», cambiará nuestra mirada, nuestra actitud y podremos dar rienda suelta a grandezas consustanciales a nuestra condición, como es la consciencia más allá del pensamiento. Ahora las tenemos marginadas por el sobreuso y desmedida valoración del pensamiento, la competencia y la fantasía de ser personas individuales, con mentes omnicomprensivas y destinos propios y personales.

Los tres niveles de complejidad y las dos plataformas de sabiduría que la abordan

A continuación, expongo una sinopsis del modelo cognitivo que he creado para poder abordar y explicar la realidad de forma integral.

Las dos plataformas de sabiduría

Sabiduría del Saber

- Considera que es posible un conocimiento objetivo y completo de las realidades física, social y personal que atraviesan la vida de un ser humano.

- El método empírico es su instrumento para llegar a ese conocimiento objetivo y completo de las tres realidades.

- El «no saber» es el punto de partida del ser humano, y no su punto de destino. Nuestro papel central es desvelar los misterios de la realidad a través del conocimiento, al que podemos llegar con nuestra mente, que es la principal grandeza y herramienta del ser humano.

- La vida se desarrolla en un marco de certidumbre previsible y ya en parte conocida en la actualidad; el resto es conocible en el futuro.

Sabiduría del No Saber

- El no saber es el punto de partida y de destino del ser humano, ya que carecemos de las capacidades intelectuales para conocer de forma objetiva y completa las realidades física, personal y social que atraviesan la vida de un ser humano. Nuestro papel central es experimentar la vida para aprender a vivir en sinergia con ella. El pensamiento es una grandeza secundaria, con una capacidad limitada a la logística cotidiana e incapaz de explicar la complejidad insondable de la VIDA.

- Tras siglos de conocimiento hemos llegado a confundir la realidad física con nuestra interpretación de la realidad. Los humanos somos un ser fantástico, ya que es en la fantasía donde podemos vivir si nos basamos en la información que facilitan nuestros limitados sentidos, incapaces de conocer la realidad de forma objetiva y completa.

- Debido al avance de las ciencias físicas, ya se conocen las limitaciones del método empírico como instrumento para conocer de forma objetiva y completa la realidad. Este método fue desarrollado para trabajar con los componentes más grandes que el átomo, cuando ya sabemos que estos solo son el 0,0000001% del total de la materia del universo.

- La vida se desarrolla en un marco de incertidumbre y es imprevisible e insondable para nosotros, ahora y en el futuro. Ni tan siquiera la VIDA se conoce a sí misma, ya que se va descubriendo a cada instante.

Los tres niveles de complejidad

Complejidad de los fenómenos físicos, químicos o biológicos

La podemos observar con los sentidos, describir con el pensamiento lógico, medir y replicar con el método empírico. La podemos abordar desde la sabiduría del saber. Acepta el marco simple de la certidumbre y permite construir la ilusión de que podemos llegar a conocer de forma objetiva y completa la realidad física y que tenemos o tendremos las tecnologías necesarias para tener control sobre ella.

Complejidad cuántica

Tiene su ámbito en los componentes de la realidad física de un tamaño menor al átomo. No la podemos observar con los sentidos, revienta los patrones de nuestro razonamiento lógico. Una pequeña parte es replicable desde el método empírico, el resto lo podemos intuir desde los modelos matemáticos. La podemos abordar en una minoría de contenidos desde la sabiduría del saber y en una gran parte desde la sabiduría del no saber. Entra de lleno en el campo de la incertidumbre.

Complejidad insondable

No la podemos observar con los sentidos, escapa al raciocinio lógico y a los modelos matemáticos, inabordable desde el método empírico. No la podemos abordar desde la sabiduría del saber porque su esencia reside más allá del pensamiento. Únicamente es abordable desde la sabiduría del no saber, que por su naturaleza está abierta a la incertidumbre y a la opción de que sea imposible predecir resultados, aun teniendo los mismos elementos e igual proceso de interacción.

Aquí es donde se encuadra la VIDA a la que llevamos siglos calificando erróneamente como «vida ordinaria». Al igual que con el agua, con la vida ordinaria confundimos cotidianidad con simpleza, cuando ambas son máxima expresión de la complejidad.

En síntesis, podemos formular que la realidad física y personal tienen una complejidad insondable porque son una creación de la VIDA. Aquí colabora el conocimiento para explicar los fenómenos físicos, químicos o biológicos, pero el resto pertenece a la sabiduría del no saber.

Sin embargo, la realidad social y económica son accesibles al conocimiento porque se basan en convenciones humanas. Se pueden gestionar desde la sabiduría del saber.

Epílogo

Los abismos inquietan y atraen a la vez al ser humano. En la actualidad tenemos próximo, y es factible, el de la extinción de nuestra especie. En mi opinión, las dificultades que los Gobiernos tienen para acordar las medidas que posibiliten nuestra supervivencia son una muestra de la magnitud del remanente individualista e irracional humano, que disfrazamos de su opuesto. Tenemos incontables tratados y discursos épicos sobre lógica y racionalidad, pero en nuestra historia hay que prestar mucha atención para localizar sus ecos.

Como miembro de una generación que no ha sabido construir un mundo mejor del que recibió, pido disculpas a los jóvenes que tendrán que enmendar nuestros errores y los de las cuatro generaciones anteriores.

A pesar de ser consciente de la dificultad y riesgos del momento histórico que vivimos, tengo una confianza total en la VIDA, que nos dirige. Espero que ella os ayude y os atreváis a destruir desde los cimientos la perversa ficción social y económica que hemos legado, así como a construir en su lugar un espacio de encuentro en la realidad del mundo y no en el metaverso de la abundancia, el progreso material y el crecimiento personal en el que nos hemos empeñado nosotros.

La aportación de este libro es recordar los cuatro espejismos que destruyen la vida de la mayoría, para que, una vez desenmascarados, se puedan aplicar los antídotos que neutralicen su veneno.

Las claves son accesibles para cualquier ser humano; su síntesis, la clave para habitar el cuerpo físico es la respiración consciente. La clave para habitar el cuerpo emocional es el agradecimiento por SER, la aceptación consciente e inteligente de la VIDA. La clave para habitar el cuerpo de consciencia es la presencia consciente y la disolución del «yo personal».

Conseguir integrar esas claves en la vida cotidiana es un reto mayúsculo, pero creo que vale la pena el intento. Solo necesitamos abalanzarnos con determinación sobre el poderío del SER que somos, todos y cada uno de nosotros, desde el primer día de vida en este planeta y antes de nuestro primer pensamiento.

Hemos llegado al final del libro. Espero que hayas disfrutado de su lectura. Permíteme una última sugerencia: la próxima vez que te pregunten dónde y cuándo has nacido, responde lo que creas oportuno, pero te sugiero que en privado o en público recuerdes que, en realidad, tu cuerpo nació dónde y cuándo indica tu pasaporte, pero que tu versión material original nació hace trece mil ochocientos millones de años, en el mismo momento que lo hizo el universo físico, del que eres un fractal. Tu versión sutil es eterna, porque esa es la edad del vacío, la energía y el silencio que conforman el cien por cien de tu SER.

Agradecimientos

Para empezar, gracias a ti por darle espacio en tu vida a este libro, por abrirte a observar tu personaje con distancia y atreverte a disolverlo en el universo que eres más allá de lo que cuenta tu pasaporte, tu currículo profesional o lo que dicen aquellos que te conocen tan poco como para considerar que solo eres quien sostiene tu cuerpo físico, unas creencias aprendidas y unas cuantas responsabilidades de todo tipo.

Gracias por la valentía que has tenido para asumir tu miedo a perder la identidad de superficie durante las horas que ha durado la lectura. Deseo que te permitas desdibujarte para aligerar el peso excesivo e innecesario con el que te carga tu personaje.

Gracias a mi editor y al resto del equipo editorial por confiar en que habrá muchos seres humanos a los que este ensayo lleve a iniciar un viaje hacia ninguna parte de su crecimiento personal; dispuestos a disolver la fantasía de su «yo individual» y a hacer crecer su «nosotros personalizado» junto con tantas otras y otros que, cuando lo consigan, no sabrán ni cuántos ceros tiene la cifra alcanzada.

Gracias a la VIDA por haberme traído hasta aquí. Estoy tan enamorado de ella que no me importa morirme ahora mismo, porque me ha atravesado con tal intensidad que he podido sentir que nunca he existido separado de la eternidad.

Gracias a todas y todos los que me queréis; eso os hace capaces de aguantar mis recurrentes palizas sobre la condición humana, los misterios de tamaño universal, las paradojas y *kōans* sobre la vida en el cuerpo y más lejos.

Gracias a Jai Arumi, mi compañera de viaje. Estoy muy feliz de ver cómo transitamos nuestro itinerario sin pensar que exista un mañana y sin darle importancia a buscar anclas en el pasado.

Gracias, gracias, gracias, gracias, gracias...

Encuentros *online* con l@s lector@s

Propongo la realización de encuentros presenciales y *online* para conversar. La idea de partida para los encuentros presenciales es que quienes queráis estar al día de las conferencias-coloquio sobre contenidos del libro, me enviéis un correo en el que indiquéis vuestra ciudad de residencia. Así os podré informar de cuando visite vuestra ciudad para impartir una conferencia-coloquio, y así tendremos la oportunidad de conversar y conocernos personalmente.

Respecto a los encuentros *online*, la propuesta es hacer un encuentro *online* mensual de treinta minutos de duración. Funcionaremos con la dinámica del círculo, es decir, que crearemos una conversación grupal centrada en el contenido concreto de libro que tratemos en cada encuentro.

Mis datos en las redes sociales (o RR. SS.)
Instagram: humanupdating
Email: lectores@humanupdating.com
Web: www.humanupdating.com

Un abrazo y hasta pronto.

Antonio

Bibliografía recomendada

Aliciah; Arumi, Jai (2023). *La sanación silenciosa*. Barcelona, Kairós.

Baggini, Julian (2012). *La trampa del ego: qué significa ser tú*. Barcelona, Paidós.

Berger, Peter L.; Luckmann, Thomas (1986). *La construcción social de la realidad*. Buenos Aires, Amorrortu.

Castellanos, Nazareth (2022). *Neurociencia del cuerpo*. Barcelona, Kairós.

Cuddy, Amy (2021). *Presencia: autoestima, seguridad, poder personal: utiliza el lenguaje del cuerpo para afrontar las situaciones más difíciles*. Barcelona, Urano.

Chalmers, David (1999). *La mente consciente: en busca de una teoría fundamental*. Barcelona, Gedisa.

Damasio, Antonio (2018). *El error de Descartes: la emoción, la razón y el cerebro humano*. Barcelona, Booket.

— (2021). *Sentir y saber*. Barcelona. Editorial Destino.

Dennett, Daniel C. (2018). *La libertad de acción: un Análisis de la exigencia de libre albedrio*. Barcelona, Gedisa.

Duran Serrano, Yolande; Martorell Reyes, Dolors (2021). *El poder del silencio*. Barcelona, Trompa de elefante.

Edelman, Gerald; Tononi, Giulio (2002). *El universo de la conciencia*. Barcelona, Crítica.

Feldman, Lisa (2018). *La vida secreta del cerebro: cómo se construyen las emociones*. Barcelona, Paidós.

Frankle, Estelle (2017). *The Wisdom of Not Knowing: Discovering a Life of Wonder by Embracing Uncertainty*. Shambhala Publisher. Boulder.

Harari, Juval Noah (2015). *De animales a dioses. Breve historia de la humanidad*. Barcelona, Debate.

Herrán Gascón, Agustín (1998). *La conciencia humana. Hacia una educación transpersonal*. Editorial San Pablo. Madrid.

— (1997). *El ego humano. Del yo existencial al ser esencial*. Editorial San Pablo. Madrid.

Jung, Carl (2009). *Arquetipos e inconsciente colectivo*. Buenos Aires, Paidós.

Lasalle, José María (2023). *Civilización artificial*. Arpa. Barcelona.

Libet, Benjamin; Freeman, Anthony; Sutherland, Keith. (1999). *The volitional brain: towards a neuroscience offreewill*. Exeter, Academic Imprint Editors.

Lozano Domènech, Antonio (2023). *La sabiduría del no saber*. Barcelona, Kairós.

Maturana, Humberto (1997). *El sentido de lo humano*. Chile, JC Sáez Editor.

Morin, Edgar. (2011). *Introducción al pensamiento complejo*. Barcelona, Gedisa.

Penrose, Roger (2012). *Las sombras de la mente: hacia una comprensión científica de la consciencia*. Barcelona, Crítica.

Pinker, Steven (2018). *La tabla rasa: la negación moderna de la naturaleza humana*. Barcelona, Paidós.

Quintana Forns, Joan; Cisternas Chávez, Arnoldo (2014). *Relaciones poderosas: vivir y convivir. Ver y ser vistos*. Barcelona, Kairós.

Sapolsky, Robert. *Compórtate (*2020). *La biología que hay detrás de nuestros mejores y peores comportamientos*. Madrid, Capital Swing.

Schorödinger, Erwin (2018). *¿Qué es la vida?* Barcelona, Tusquets Editores.

Seth, Anil (2023). *La creación del yo. Una nueva ciencia de la consciencia*. Ciudad de México, Sexto Piso.

Skliar, Carlos (2019). *Como un tren sobre el abismo o contra toda prisa*. Vaso Roto Ediciones. Madrid.

Van Lommel, Pim (2020). *Consciencia más allá de la vida*. Girona, Atalanta.

Webgrafía recomendada

1. Primer espejismo

Cognitive Neuroscience Meets the Community of Knowledge. Dr. Steven A. Sloman, Richard Patterson y Aron K. Barbey. https://www.frontiersin.org/articles/10.3389/fnsys.2021.675127/full The rise and fall of rationality in language

Dr. Marten Scheffer, Ingrid van de Leemput, Els Weinans y Johan Bollen. https://www.pnas.org/doi/full/10.1073/pnas.2107848118

Safe and just earth system boundaries published in nature https://globalcommonsalliance.org/news/safe-and-just-earth-system-boundaries-published-in-nature/

2. Segundo espejismo

Tutorial de la respiración. Wim Hof Wim. Hof https://youtu.be/bpqq_6KRazk

Esta técnica de respiración transformará tu CUERPO y tu MENTE. James Nestor & Lewis Howes. https://youtu.be/xsDUank4VCc

5 ejercicios fáciles de respiración. Guía para principiantes. https://youtu.be/0dyebB9e-vM

Respiración y cerebro. Dra. Nazareth Castellanos. https://youtu.be/MM5F6LOUTQU

A sigh of relief or a sigh to relieve: The psychological and physiological relief effect of deep breaths. https://www.sciencedirect.com/science/article/abs/pii/S0031938416305121?via%3Dihub

A better state-of-mind: deep breathing reduces state anxiety and enhances test performance through regulating test cognitions in children. http://www.tandfonline.com/loi/pcem20

The Effect of Diaphragmatic Breathing on Attention, Negative Affect and Stress in Healthy Adults. https://www.frontiersin.org/articles/10.3389/fpsyg.2017.00874/full

Breathing above the brain stem: volitional control and attentional modulation in humans. https://journals.physiology.org/doi/full/10.1152/jn.00551.2017

Postura y lenguaje corporal: el lenguaje corporal moldea nuestra identidad. Amy Cuddy. https://youtu.be/Ks-_Mh1QhMc

Body Language In 9 minutes - A Lecture from Harvard University. https://youtu.be/Hek0wh7dxJA?si=txlteNLCVEkYl8Ea

3. Tercer espejismo

The great free will debate | Bill Nye, Michio Kaku, Robert Sapolsky, Steven Pinker & más, https://youtu.be/3O61I0pNPg8?si=tVF_j3-SwXtnnlFXZ

Transhumanismo: filosofía del HOMO DEUS. Sobre la singularidad tecnológica y la amortalidad. [EP1] https://youtu.be/BR8bGtcBcyc?si=RmZcggxS33qBoAKu

LA distopía poshumana (documental de filosofía). ¿Cuáles son los riesgos del transhumanismo? [EP2] https://youtu.be/3FyVTruC2TA?si=a40ksYTz1NikNn5g

4. Cuarto espejismo

Scientists look beyond the individual brain to study the collective mind. https://news.illinois.edu/view/6367/361541460

2023: Neurociencia del cuerpo, respiración y meditación. Nazareth Castellanos: https://youtu.be/esD2vopGjV4

La neurociencia de la meditación. Dra. Nazareth Castellanos: https://youtu.be/5xOGYn0KvnU

La complejidad de la condición humana. Dr. Edgard Morin. https://youtu.be/VrgQoC-WUTw?si=r8nV3KsJFDnc9odj The Science of Consciousness

Dr. Gerald Edelman (Nobel Prize) & Dr. Christof Koch. https://youtu.be/zTYQC4C7I3s?si=cBV4XY9-U1LZj5u6 The scientific pursuit of consciousness:

Dr. Christof Koch. https://youtu.be/QHRbnNwIg1g?si=p_t_cuIYbPV-zVUv6

What binds us? Inter-brain neural synchronization and its implications for theories of human consciousness: Ana Lucía Valencia & Tom Froese. https://academic.oup.com/nc/article/2020/1/niaa010/ 5856030 How do we explain consciousness?

Dr. David Chalmers. https://youtu.be/uhRhtFFhNzQ?si= b9BUWOl2b-dQH01L8 The Hard Problem of Consciousness.

Dr. David Chalmers. https://youtu.be/LW59lMvxmY4?si=DDWs PolcV-m0hL8BW Consciousness the final frontier.

Dada Gunamuktananda. https://youtu.be/lo0X2ZdElQ4?si=GQ3GGv rRCCVURy9m

Near-death experiences: the experience of the self as real and not as an illusion Pim van Lommel. (Annals of the New York academy of sciences) https://pimvanlommel.nl/wp-content/uploads/2017/11/NDE-NYAS-Experience-Self-article.pdf

Consciousness Beyond Life - Pim van Lommel - English Subs 59' min version. Dr. Pim van Lommel. https://youtu.be/QnMrjbXttq0?si= kQfCPLOVr03m9NyP

NDE Research of Dr Pim Van Lommel. https://youtu.be/Rts0vY-QH-yo?si=pOUhx0bFF1s4nfxX Dr. Raymond Moody https://www.life-afterlife.com

Hablar de la muerte ayuda a vivir y morir mejor. Dr. Enric Benito. https://youtu.be/xEP59d4OL-Y?si=9rn1cjLEgUS1rjrR

Somos Uno: consciencia no local o consciencia fuera del cerebro. Dr. Manuel Sans Segarra https://youtu.be/Gp2IwN4XhKw?feature=shared

Physics of Consciousness and the Infinite Universe. Dr. Roger Penrose (Nobel Prize). https://youtu.be/orMtwOz6Db0?si=YTsIVfjyRR 4sI76-